IMPRESSUM

Math. Lempertz GmbH
Hauptstraße 354
53639 Königswinter
Tel.: 02223 / 90 00 36
Fax: 02223 / 90 00 38
info@edition-lempertz.de
www.edition-lempertz.de

© 2018 Mathias Lempertz GmbH

Alle Rechte vorbehalten. Ohne ausdrückliche Genehmigung
des Verlages ist es nicht gestattet, das Buch oder Teile
daraus zu vervielfältigen oder auf Datenträger aufzuzeichnen.
Dieses Kochbuch wurde nach bestem Wissen und
Gewissen verfasst. Weder der Verlag noch der Autor
tragen die Verantwortung für ungewollte Reaktionen
oder Beeinträchtigungen, die aus der Verarbeitung
der Zutaten entstehen.
Der Markenname „Thermomix" ist rechtlich geschützt und
wird nur als Bestandteil der Rezepte verwendet. Für Schäden, die bei
der Zubereitung der Gerichte an Personen oder
Küchengeräten entstehen, wird keine Haftung übernommen.
Bitte beachte die Anwendungshinweise der Gebrauchsanweisung
deines Thermomixgerätes.

 www.facebook.com/MIXtippRezepte

Titelbild: Fotolia
Lektorat: Edition Lempertz, Christina Meuser
Layout/Satz: Christine Mertens
Druck und Bindung: Belvédère Print & Packaging BV,
www.TheArtOfMakingBooks.de

ISBN: 978-3-96058-114-7

Fotos:
©Fotolia: FOOD-images, Oran Tantapakul, oxie99, anekoho, zilvergolf, visoot, toa555, brostock, arak7, amadeustx, vanzyst, supakit, swiss-hippo, efired, Mrkringsak, siempreverde22, Stripped Pixel, chiradech, DN6, Mariia Demydova, Combo Design, HandmadePictures, Heike Rau, PhotoSG, sommai, juefraphoto, Gresei, wsf-f, juliars, layritten, Mademoiselle Bézier, ngocdai86, brgfx

©Amelie von Kruedener

Herausgegeben von **mixtipp** Antje Watermann

Amelie von Kruedener

Asiatisch KOCHEN

Kochen mit dem Thermomix®

LEMPERTZ

INHALT

Vorwort 6
Einleitung 8
Glossar 9

BASICS

5-Gewürze-Mischung 16
Gelbe Currypaste, mild 18
Rote Currypaste, scharf 20
Grüne Currypaste, extra scharf 22
Saté-Sauce 24
Knoblauchsauce 26
Süß-Saure-Sauce, pur 28
Süß-Saure-Sauce 30
Teriyaki-Sauce 32
Spaghettisauce „Asia-Style" 34
Japanische Salatsauce mit Sesam 36
Saté-Marinade für Geflügelspieße 38
Teriyaki-Marinade für Fleisch 40
Reis kochen 42
Wan-Tan-Teig 46
Kokosmilch 48
Chili-Gewürz-Paste 50

EXOTISCH UND SATT

Frische Gemüse-Surimi-Bowl –
Chinakohlgemüse mit Champignons und Surimi 54
Fisch-Nuggets 56
Fischpäckchen in Reispapier 58
Gedämpfter Thunfisch im Bananenblatt aus Bali 60
Gelbes Thai-Curry mit Erdnusstouch 62
Rotes Curry mit Pute und Kürbis 64

Grünes Curry, scharf und veggie	66
Hähnchencurry mit Reis	68
Hähnchen-Kartoffel-Curry	70
Miso-Lachs mit Wasabi-Kartoffelpüree	72
Gefüllte Thai-Reisbällchen	74
Veggie-Rolls – Reisteig-Frühlingsrollen	76
Wirsingrollen go Asia mit Basmatireis und Kokossauce	78
Saté-Geschnetzeltes mit schwarzem Klebreis und Brokkoli	81
Teriyaki-Schmortopf mit Rind und Brokkoli	84

SUPPEN, SNACKS UND SALATE

Blumenkohlsuppe	88
Tofu-Kartoffelsuppe mit gebratenen Pilzen	90
Tom Kha Gai-Suppe	92
Pekingsuppe	94
Glasnudelsalat	96
Kokos-Bohnen-Salat aus Bali	98
Lauwarmer Chinakohl-Nudelsalat	100
Maki-Sushi	102
Wan Tan-Säckchen mit Fleischfüllung	104
Tempeh Manis	106

SÜSS UND LECKER

Bananentaschen	110
Grüne Duftblatt-Crêpes mit Kokos	112
Überbackene Ananas	114
Kokosnusseis	116
Sticky Rice mit Mango und Kokossauce	118
Überbackene Banane	120
Grüner Pandankuchen aus dem Varoma	122
Gebratene Banane im Teigmantel	124
Glückskekse	126

VORWORT

*Widme dich der Liebe
und dem Kochen
mit ganzem Herzen.*

(Chinesisches Sprichwort)

VORWORT

Liebe Thermomixfreunde,

wenn uns die Gerüche von Curry, Ingwer, Kreuzkümmel oder Zitronengras in die Nase strömen, wissen wir, wir sind in der asiatischen Küche. Bunt, lecker und vielseitig. Die asiatische Küche spiegelt sehr unterschiedliche Länderküchen wieder, die bekannteste für uns ist dabei die chinesische Küche. Aber auch japanisches Sushi wird bei uns immer beliebter. Unsere Autorin Amelie von Kruedener hat sich auf eine Geschmacksreise durch ganz Asien begeben. Dabei führt sie euch in die Kunst des Reiskochens mit dem Thermomix® ein und zeigt euch, wie ihr ganz leicht Currypasten, Saucen und Kokosmilch selbst herstellen könnt. Ausgerüstet mit den Basics könnt ihr eure Familie und Freunde in die asiatische Welt einführen. Ob gedämpfter Thunfisch im Bananenblatt aus Bali, Curryvariationen, klassische Pekingsuppe, Sushi, Glückskekse wie vom Chinesen oder grüner Pandankuchen aus dem Varoma – hier kommen Liebhaber der klassischen wie exotischen asiatischen Küche voll auf ihre Kosten.
Das Beste daran ist, das ihr alles ganz einfach im TM5® oder TM31® nachkochen könnt.

Wir wünschen euch viel Spaß!

Herausgeberin, Edition Lempertz

EINLEITUNG

Asiatisch zu kochen macht alleine schon durch die vielseitigen Zutaten Spaß. Asiatisch zu essen ist ein wahres Gedicht. Aromatische Gewürze, knackiges Gemüse, würzige Currys, kräftigende Suppen aus China, Thailand, Vietnam oder Indien – alles ist ein bunter Augenschmaus, der es mir angetan hat. Die exotischen Zutaten bekommt man bei uns schon fast alle, in nahezu jeder Stadt gibt es einen Asia-Laden und vieles ist auch im normalen Supermarkt schon erhältlich. Meine Lieblingsrezepte dabei sind die Currys; sie stammen ursprünglich aus Indien und sind eine Art Ragout oder Eintopfgericht. Wer in London schon einmal über einen Streetfoodmarkt geschlendert ist, kann meine Begeisterung sicherlich teilen. Grünes, rotes oder gelbes Thaicurry ist einfach nur göttlich, aber auch aus Burma oder Laos sind herrliche Rezepte zu uns herübergeschwappt. Sie schmecken süß, frisch, exotisch, scharf oder zitronig. Doch es gibt noch so viel mehr. Die große Herausforderung für mich war, alles, was ich so gerne esse, auch im Thermomix® zubereiten zu können. Ich hoffe, ihr habt beim Kochen und Essen ebenso viel Vergnügen, wie ich.

Wer sich in der asiatischen Küche noch nicht so gut auskennt, dem werden einige der verwendeten Zutaten eventuell noch fremd sein. Ich habe die exotischen Zutaten für euch in einem Glossar zusammengefasst. Viele Supermärkte haben, wie oben schon erwähnt, in den letzten Jahren ihr Sortiment im asiatischen Bereich stark erweitert. Vieles erhaltet ihr dort. Ein Blick in die exotische Ecke im Supermarkt kann sich auf jeden Fall lohnen.
Einige Zutaten haben es aber noch nicht in den Supermarkt geschafft, diese Zutaten erhaltet ihr im Asia-Laden, und wenn ihr keinen in der Nähe habt, auch im Internet.

ASIATISCH KOCHEN

GLOSSAR

Asia-Schalotten (Thai-Schalotten) – sind Zwiebelpflanzen. Sie stammen ursprünglich aus Zentral- und Südostasien. Im Mittelalter kamen sie durch Händler nach Europa und wurden zuerst in Frankreich angebaut. Schalotten sind, im Gegensatz zu Zwiebeln, milder und feiner im Geschmack. In Südostasien verwendet man für Speisen meist Schalotten, die klein, rundlich und von roter Farbe sind. Man findet sie in Asia-Läden. Allerdings können sie auch problemlos durch die längliche, lilafarbene europäische Variante ersetzt werden. Beim Kauf sollte man darauf achten, dass sie noch schön fest sind und nur einen leichten Zwiebelgeruch abgeben.

Bambussprossen – gibt es in unseren Breitengraden als eingelegte, vorgekochte Variante in Gläsern oder Dosen zu kaufen (sie dürfen nur gekocht verarbeitet werden, da sie roh Blausäureglykosid enthalten). Man bekommt sie in Supermärkten oder Asia-Läden. Sie gehören zu den wichtigsten Bestandteilen des China-Gemüses und erinnern von der Konsistenz an Spargel, können auch in ähnlicher Weise geerntet und zubereitet werden.

Bananenblätter – verwendet man in Südostasien gern zum Einwickeln von Speisen, bevor man sie darin grillt oder kocht und dann bis zum Verzehr aufbewahrt. Hierdurch absorbiert die Speise den leicht spinatartigen Geschmack des Blatts. Die Bananenblätter kannst du in Plastikfolie abgepackt im Asia-Laden kaufen.

Cashewmus – wird aus gerösteten und gemahlenen Cashewkernen hergestellt. Cashewkerne werden auch als Cashewnüsse bezeichnet, allerdings handelt es sich bei ihnen um die Samen des Cashewbaumes, die am unteren Ende der Cashewfrucht, die einem länglichen Apfel ähnelt, bohnenförmig herauswachsen.
Cashewmus wird besonders von Sportlern und Menschen, die sich vegetarisch oder vegan ernähren, geschätzt, da es einen hohen Proteinanteil von 21 % aufweist. Zudem gilt es auch in anderer Hinsicht als „Superfood", denn neben dem Eiweiß enthält es gesunde Fette, Vitamin B, Mineralstoffe und Folsäure. Das Mus gilt als gesunde, pflanzliche Alternative zu Sahne- und Käseprodukten und hat roh einen angenehmen, nussig-süßen Geschmack.

Fischsauce – wird oft auch als das Salz Asiens bezeichnet. Sie besteht traditionell aus dem Extrakt aus Sardellen oder anderen kleinen Fischen, die zusammen mit Meersalz fermentiert wurden. Daraus entsteht eine bräunlich-klare, sehr intensiv riechende Sauce. Hauptsächlich in Thailand und Vietnam wird die Sauce ähnlich wie Sojasauce zum Würzen verwendet. Es gibt sie in unterschiedlichen Geschmacksstärken, je nachdem, wie viele Fische pro Liter verwendet wurden. Der fischige Geruch der Sauce ist im zubereiteten Gericht nicht mehr herauszuschmecken.

Galgant – kann man auch als Thai- Ingwer, siamesischen Ingwer, Galangal oder Khaa finden. Er ähnelt unserem Ingwer, die Knollen sind aber schmaler und länglicher. Die Ober-

ASIATISCH KOCHEN

GLOSSAR

fläche der Galgantwurzel ist zarter und glatter. Auch der Geschmack erinnert an Ingwer, ist aber etwas milder und leicht säuerlich.

Kaffirlimettenblätter – Die Kaffirlimette gehört zu den Zitrusfrüchten. Diese südostasiatische Limettenbaumart zeichnet sich durch zitronenartig duftende Blätter aus, die in vielen landestypischen Gerichten Verwendung finden. Man bekommt die Blätter in getrockneter oder gefrorener Form in Asia-Läden, im gut sortierten Supermarkt oder im Internet. Sie werden entweder im Ganzen mitgekocht und vor dem Essen wieder herausgenommen oder zerkleinert bzw. pulverisiert und mitgegessen.

Kecap Manis – Kecap Manis ist die indonesische Bezeichnung einer süßen Sojasauce. Sie zeichnet sich durch ihre dickflüssige, sirupartige Konsistenz und einen süßen, melasseartigen Geschmack aus. Diese Sojasauce enthält einen großen Anteil an Palmzucker und ist eine der beliebtesten Würzsaucen in Indonesien. Ohne sie wären Gerichte wie Saté (gewürzte Fleischspießchen) oder Nasi Goreng nicht denkbar!

Klebreis – Im Gegensatz zum Sushireis weist der Klebreis einen noch höheren Anteil an Stärke auf. Diese sorgt dafür, dass die Reiskörner, wenn sie durch Dämpfen zubereitet werden, noch stärker miteinander verkleben als beim Sushireis. Aus ihm werden die berühmten Reisbällchen (Mochi) hergestellt, die ein fester Bestandteil der Speisen beim Japanischen Neujahrsfest sind.

Kokosblütenzucker – wird aus dem Nektar der Kokospalme hergestellt, indem die Blütenknospe der Kokospalme angeschnitten wird und der dort austretende Saft aufgefangen und aufgekocht oder in einem Vakuum-Dampfkocher erhitzt wird, bis sich die typischen Zuckerkristalle bilden. Kokosblütenzucker hat ein karamellartiges Aroma und gilt als gesünder als gewöhnlicher weißer Zucker, da er nicht raffiniert ist und einen niedrigen glykämischen Wert aufweist. Du findest ihn in Reformhäusern und Bioläden.

Kokosnussöl – ist vielseitig einsetzbar in Küche und Kosmetik. Das Öl ist bei Zimmertemperatur fest, verflüssigt sich aber bei Wärme schnell. Es gibt Speisen einen milden, leicht exotischen, aber nicht aufdringlichen Geschmack. Durch die in ihm enthaltenen Laurinsäuren wirkt Kokosnussöl antibakteriell, zusätzlich finden sich in ihm viele wertvolle Aminosäuren, Vitamine und Spurenelemente. Eine reife Kokosnuss besteht zu etwa 35 % aus reinem Kokosnussöl. Kokosnussöl erhältst du mittlerweile im Supermarkt und Drogeriemarkt.

Kurkuma – Die Wurzelknolle der Kurkuma ähnelt Ingwer oder Galgant. Sie verleiht, in getrockneter und pulverisierter Form, vielen asiatischen Speisen und Gewürzmischungen – allen voran natürlich dem berühmten Curry – ihre kräftig-gelbe Farbe. Frisch besitzt die Wurzelknolle einen milden Geschmack. Sie wird in der traditionellen Medizin zudem wegen ihrer entzündungshemmenden Wirkung geschätzt.

Mie-Nudeln – Die asiatischen Mie-Nudeln bestehen aus Weizenmehl, Salz und Wasser. Sie sind länger als Spaghetti, was man ihnen aber nicht ansieht, da sie trocken die Form von Nestern oder „Locken" haben und sich erst im Wasser ausbreiten. Zudem haben sie den Vorteil, sehr schnell gar zu werden.

Miso-Paste – wird aus der gelben Sojabohne japanischer Herkunft hergestellt und hat einen besonders salzigen Geschmack. Sie ist dickflüssig und wird zur Würzung von Suppen, Saucen, Risottos und Getreide verwendet. Miso ist reich an Mineralien, Proteinen, Vitaminen und Enzymen, die die Vermehrung der Darmflora begünstigen und hat zudem eine basische Wirkung im Blut.

Nori-Blätter – sind essbare Algen, die man vor allem als die dunkelgrüne Umwicklung von Sushi kennt. Du kannst sie als quadratische, getrocknete Blätter kaufen. Man bekommt sie im Asia-Laden, aber auch in gut sortierten Supermärkten.

Palmzucker – ist ein bräunlicher Zucker und deutlich weniger süß als unser typischer weißer Haushaltszucker. Er wird aus verschiedenen Palmenarten gewonnen und schmeckt ein wenig nach Karamell, oft mit einer leicht malzigen Note. Im Notfall solltest du hier als nicht-asiatische Alternative lieber braunen Zucker oder eine Rohrzuckervariante (Vollrohrzucker oder Rohrohrzucker) verwenden, da diese dem Palmzucker geschmacklich eher ähneln als weißer Zucker.

Pandanblätter – haben einen leicht vanilleartigen Geruch und Geschmack und finden deshalb vor allem in traditionellen asiatischen Süßspeisen Verwendung. Die Pandanblätter werden zum Aromatisieren und Färben der Speisen verwendet. Man kocht sie entweder mit oder gewinnt aus ihnen in heißem Wasser eingeweicht einen Sud, den man zum Färben von Süßspeisen, wie dem Pandankuchen, verwenden kann. Viele Asia-Läden führen sie, zudem kann man sie im Internet bestellen.

Reisessig (jap. ‚Komesu') – ist ein sehr milder Essig, der aus fermentiertem Reis oder Reiswein hergestellt wird. Er findet u.a. beim Würzen von Sushireis Verwendung. Es gibt ihn in gelblich-klarer und dickflüssiger, dunkler Form zu kaufen.

Reispapierblätter – Vom Begriff „Reispapier" sollte man sich nicht verwirren lassen – damit werden im deutschen Sprachraum nämlich verschiedene ‚papierartige' Produkte beschrieben, u.a. auch Leinwände für die Aquarellmalerei. Hier ist allerdings die essbare Variante gemeint. Reispapier wird im Allgemeinen aus Tapiokastärke, Reismehl, Salz und lauwarmem Wasser hergestellt und zu etwa handtellergroßen runden oder quadratischen Platten geformt. Da diese kaum Eigengeschmack besitzen, eignen sie sich

GLOSSAR

hervorragend zur Umhüllung von Speisen, die „auf der Hand" gegessen werden können. Diese Form des „Fingerfoods" – beispielsweise in Form von Frühlingsrollen und gefüllten Teigtaschen – wird in vielen asiatischen Ländern seit Jahrhunderten kultiviert. Asia-Läden führen Reispapierblätter häufig unter den englischen Namen „rice paper", „spring roll skin" oder „wafer paper". Je nachdem welche Größe von Reispapier für das Rezept benötigt wird, kannst du sie als Blätter oder auch als Reisplatten kaufen.

Sake – ist ein japanischer Reiswein, der etwa 15–20 Vol% Alkohol enthält und, je nach Destillierungsgrad, wässrig-klar oder weißlich-trüb ist. Sake wird sowohl kalt als auch heiß als Aperitif gereicht und ist zudem Bestandteil von Saucen und Marinaden der traditionell-japanischen Küche.

Schlangenbohnen – ähneln den europäischen grünen Stangenbohnen und werden, im Gegensatz zu diesen, allerdings 35–75 cm lang. Sie sind reich an Proteinen, B-Vitaminen und Aminosäuren. Man findet sie, häufig auch in getrockneter Form, in Geschäften, die asiatische, afrikanische oder mediterrane Lebensmittel führen.

Shrimppaste – wird in den asiatischen Ländern auf unterschiedliche Art und Weise hergestellt. Doch auch wenn sich die Zubereitung unterscheidet, gibt es einige Gemeinsamkeiten: frische Garnelen werden in einer Salzlake fermentiert, bis ein stark riechender, dunkler Brei daraus entsteht. Dieser wird, je nach nationaler Tradition, mit Kräutern, Chilischoten und Knoblauch vermischt, Currys und Saucen (Sambals) beigegeben und verleiht vielen asiatischen Gerichten ihren typischen Geschmack und ihr Aroma. Du erhältst die Würzpaste im Asia-Laden oder auch im Internet.

Sojabohnensprossen/ Mungobohnensprossen – Mit „Sojasprossen" werden im Deutschen (fälschlicherweise) die Keimlinge der Mung-Bohne (auch Mungobohne genannt) bezeichnet. Diese Pflanze wird seit mehr als tausend Jahren in Indien kultiviert und ähnelt der europäischen Stangenbohne. Allerdings sind die Samen dieses Gewächses eher rund als nierenförmig und von limonengrüner Farbe. Sie gelten als leicht verdaulich und enthalten neben Eiweiß auch Vitamin A, mehrere B-Vitamine, sowie Kalzium, Eisen und Magnesium.
Die sog. „Glasnudeln" werden aus den getrockneten und gemahlenen Samen der Mung-Bohne hergestellt.

Sojasauce – wird traditionell aus gemahlenen Sojabohnen oder einer Mischung aus Soja und Weizen hergestellt. Die Masse wird mithilfe von Bakterienkulturen zu Koji, einer Art Maische vergoren, anschließend werden Meersalz und Wasser hinzugefügt. Dieser Brei wird dann in speziellen Behältern, meist Zedernholzfässern, fermentiert. Der Prozess dauert zwei bis drei Jahre, je nach Sorte sogar noch länger. Dabei wird das Getreide-Eiweiß in Aminosäuren umgewandelt. Die Sojasauce erhält auf diese Weise ihren typischen Geschmack, ihre Farbe und ihr Aroma.

Sojaöl – Sojaöl ist vielfältig verwendbar. Es ist nicht nur ein unverzichtbarer Teil der asiatischen Küche, sondern findet auch in Seifen und Hautlotionen Verwendung.

GLOSSAR

Es ist reich an ungesättigten Fettsäuren, enthält Vitamin A und E sowie Lecithin.
Sojaöl wird aus der Sojabohne, einer Hülsenfrucht mit hohem Ölgehalt, gepresst und dann in einem aufwändigen Verfahren von Bitterstoffen gereinigt. Es ist mit 34 % Marktanteil das am häufigsten vorkommende und genutzte Pflanzenöl der Welt – noch vor Raps- und Olivenöl. Sojaöl hat eine hellgelbe Färbung und einen milden und neutralen Geschmack.

Sushireis – Der Reis, der bei der Herstellung von Sushi verwendet wird, trägt den Namen Oryza japonica – was schon auf seine regionale Verbreitung hinweist. Er besitzt rundliche Körner und eine hohe Klebeigenschaft, die dazu führt, dass das Sushi besonders gut in seiner gerollten Form bleibt.

Tempeh – ähnelt Tofu und schmeckt mild und etwas nussig. Er stammt aus Indonesien und wird aus fermentierten gelben Sojabohnen gewonnen, die mit Schimmelpilzen geimpft wurden. Tempeh ist reich an Eiweiß und Vitaminen und enthält wenig Fette. Du kannst ihn in Scheiben abgepackt oder als Block kaufen, am besten im Bio- oder Asia-Laden.

Thai-Basilikum – In der thailändischen Küche werden drei verschieden Basilikum-Arten verwendet, die in Deutschland alle unter dem Namen „Thai-Basilikum" gehandelt werden.

1. Bai Horapa - das süße Basilikum: Es zeichnet sich durch seinen süßen, leicht würzigen Geschmack aus, der an Anis und Lakritz erinnert. Im frischen Zustand sind die Stängel der Pflanze rötlich-violett und die Blätter kräftig-grün. Dieser Basilikum eignet sich besonders für Currys und Suppen.
2. Bai Maenglak – Zitronenbasilikum: Diese Basilikum-Art schmeckt zitronenartig-frisch und hat mandelförmige, limonengrüne Blätter. In der thailändischen Küche wird sie häufig für Suppen und Fischgerichte verwendet.
3. Bai Krapao – „Holy Basil" oder auch „Indisches Basilikum" genannt. Diese Art des Basilikums gibt einen würzigen, nach Nelken und Piment duftenden Geruch ab, wenn es erhitzt wird. Die Blätter ähneln im frischen Zustand denen der Brennnessel und finden in vielen typischen Wok-Gerichten Verwendung. Viele Asia-Läden führen die verschiedenen Thai-Basilikum-Sorten frisch in Plastiktüten verpackt im Kühlregal.

Wasabi-Paste – Wasabi wird häufig als „japanischer Meerrettich" bezeichnet, ist aber eine zur Gattung der Kreuzblütler gehörige Pflanze, deren grüne Wurzel kleingeraspelt genossen wird. Seine Schärfe erhält er durch sog. Senföle, die sich allerdings sehr schnell verflüchtigen, wenn sie mit Sauerstoff in Berührung kommen. Daher wird Wasabi in Japan am liebsten frisch zubereitet genossen. Auf dem europäischen Markt sind häufig Wasabi-Ersatzprodukte zu finden. Sie bestehen aus einer Mischung aus Senfsaat und weißem Rettich; die grüne Farbe des Produkts wird hierbei mithilfe von Chlorophyll oder Spirulina-Konzentrat erzielt.

ASIATISCH KOCHEN

Basics

BASICS

 30–40 g   2 Min.   leicht

5-Gewürze-Mischung

Zubereitungszeit: 2 Minuten
Utensilien: Schraubglas à 50 ml
Zutaten für 30–40 g

1 Zimtstange
2 EL Pfefferkörner, schwarz
1 EL Sternanis
1 EL Koriandersamen
1 EL Nelken

1. Brich als Erstes die Zimtstange in kleinere Teile und gib sie in den Mixtopf.

2. Anschließend fügst du Pfefferkörner, Sternanis, Koriandersamen und Nelken hinzu und mahlst die Gewürze 1 Minute/ Stufe 10.

3. Fülle die Gewürzmischung in ein sauberes Glas ab und lagere sie kühl und trocken.

mixtipp
Ich mache mir gerne eine 6-Gewürze-Mischung daraus, indem ich noch 6 Lorbeerblätter dazugebe.

ASIATISCH KOCHEN

Gelbe Currypaste, mild

 100 ml   15 Min.  mittel

Zubereitungszeit: 15 Minuten
Utensilien: Alufolie,
Schraubglas à 100 ml
Zutaten für 100 ml

1 EL Koriandersamen
1 EL Kreuzkümmel
1 EL Bockshornkleesamen, z.B. von Sonnentor, erhältlich im Bio-Laden
1 EL Shrimppaste, erhältlich im Asia-Laden
1 TL Pfefferkörner, weiß
1 Stück Galgant, 5 cm, frisch, alternativ frischer Ingwer
1 Stück Kurkuma, 5–7 cm, frisch, alternativ 1 EL gemahlenes Kurkuma
2 Knoblauchzehen
Chilischoten, rot, getrocknet
6 Kaffirlimettenblätter, erhältlich im Asia-Laden oder gut sortierten Supermarkt
3 Asia-Schalotten, halbiert, erhältlich im Asia-Laden, alternativ 1–2 normale Schalotten
1 EL Zimt, gemahlen
½ TL Muskat, gemahlen
1 Lorbeerblatt
1 TL Salz
4 EL neutrales Pflanzenöl, z.B. Sonnenblumenöl

1. Röste zunächst Koriandersamen, dann Kreuzkümmel und abschließend Bockshornkleesamen nacheinander in einer kleinen Pfanne ohne Öl an, bis die Gewürze braun werden und einen aromatischen Duft verströmen.

2. Schlage die Shrimppaste in Alufolie ein und erhitze auch diese in einer kleinen Pfanne ohne Öl ca. 1 Minute, bis es dampft. Lege die Paste zunächst zur Seite.

3. Gib die gerösteten Koriandersamen, Kreuzkümmel, Bockshornkleesamen sowie Pfefferkörner in den Mixtopf und zerkleinere die Gewürze 1 Minute/ Stufe 10. Schiebe die Reste mit dem Spatel nach unten.

4. Schäle Galgant, Kurkuma und Knoblauch und gib die Zutaten gemeinsam mit Chili in den Mixtopf dazu. Zerkleinere die Zutaten wiederum 20 Sekunden/ Stufe 10 und schiebe die Reste mit dem Spatel nach unten.

5. Entferne von den Kaffirlimettenblättern die Blattrippe und schäle und halbiere die Schalotten. Streiche die Shrimppaste aus der Alufolie in den Mixtopf und gib auch Limettenblätter, Schalotten, Zimt, Muskat, Lorbeerblatt, Salz und Öl dazu. Vermische die Zutaten 20 Sekunden/ Stufe 8, bis eine homogene Paste entsteht.

6. Fülle die Paste in ein sauberes Schraubglas ab und bewahre sie im Kühlschrank auf. Hier hält sich die Paste bis zu zwei Wochen.

mixtipp

Die Currypaste ist die Grundlage für das gelbe Thai-Curry. Aber auch in anderen Gerichten könnt ihr die mittelscharfe Würzpaste prima verwenden. Ich friere sie mir gerne in einem Eiswürfelbehälter ein und fülle die Würfel, sobald sie gefroren sind, in einen beschrifteten Gefrierbeutel.

Rote Currypaste, scharf

100 ml — 20 Min. — mittel

Zubereitungszeit: 20 Minuten
Utensilien: Alufolie,
Schraubglas à 100 ml
Zutaten für 100 ml

- 1 EL Kreuzkümmel
- 1 EL Koriandersaat
- 1 EL Shrimppaste, erhältlich im Asia-Laden
- 40 g Ingwer, frisch
- 2 Knoblauchzehen
- 4 EL Chilischoten, rot, getrocknet
- 4 Kaffirlimettenblätter, erhältlich im Asia-Laden oder gut sortierten Supermarkt
- 1 EL Zitronengras, getrocknet, alternativ 1 Stängel frisches Zitronengras
- 3 Asia-Schalotten, halbiert, erhältlich im Asia-Laden, alternativ 1–2 normale Schalotten
- 1 TL Salz
- 4 EL neutrales Pflanzenöl, z.B. Sonnenblumenöl

1. Röste Kreuzkümmel und Koriandersaat zunächst einzeln in einer kleinen Pfanne ohne Öl an, bis die Gewürze braun werden und einen aromatischen Duft verströmen.

2. Schlage die Shrimppaste in Alufolie ein und erhitze auch diese in einer kleinen Pfanne ohne Öl ca. 1 Minute, bis es dampft. Lege die erhitzte Shrimppaste zunächst zur Seite.

3. Zerkleinere nun im Mixtopf Kreuzkümmel und Koriander 1 Minute/ Stufe 10. Schiebe die Reste mit dem Spatel nach unten. Schäle Ingwer und Knoblauch und gib die Zutaten gemeinsam mit Chili in den Mixtopf. Zerkleinere die Mischung 20 Sekunden/ Stufe 10. Schiebe die Stücke mit dem Spatel nach unten.

4. Entferne die Blattrippe von den Kaffirlimettenblättern und gib die Blätter in den Mixtopf. Falls du frisches Zitronengras verwendest, musst du den oberen grünen Teil und das Ende abschneiden und die Hülle entfernen. Anschließend schneidest du das Zitronengras in kleine Stücke und gibst diese in den Mixtopf. Wenn du getrocknetes Zitronengras verwendest, fällt dieser Schritt weg. Das getrocknete Zitronengras kannst du direkt in den Mixtopf geben.

5. Schäle und halbiere die Schalotten und streiche die Shrimppaste aus der Alufolie in den Mixtopf. Füge Schalottenstücke, Salz und Öl hinzu und vermische die Zutaten 20 Sekunden/ Stufe 8, bis eine homogene Paste entsteht. Fülle sie in ein sauberes Schraubglas ab. Im Kühlschrank aufbewahrt, hält sich die Paste bis zu zwei Wochen.

mixtipp

Die Currypaste ist die Grundlage für das rote Thai-Curry. Du kannst die Paste in unterschiedlichen Gerichten verwenden und prima portionsweise einfrieren.

100 ml | 15 Min. | mittel

Grüne Currypaste, extra scharf

Zubereitungszeit: 15 Minuten
Utensilien: Alufolie, Schraubglas à 100 ml
Zutaten für 100 ml

- 1 EL Kreuzkümmel
- 1 EL Koriandersamen
- 1 EL Shrimppaste, erhältlich im Asia-Laden
- 1 Stück Galgant, 5 cm, frisch
- 1 Stück Ingwer, 5 cm, frisch
- 2 Knoblauchzehen
- 4 Kaffirlimettenblätter, erhältlich im Asia-Laden oder gut sortierten Supermarkt
- 1 EL Zitronengras, getrocknet, alternativ 1 Stängel frisches Zitronengras
- 2 Asia-Schalotten, halbiert, erhältlich im Asia-Laden, alternativ 1 normale Schalotte
- 5 Vogelaugenchilis (Birds Eye Chili), grün, geputzt, in groben Stücken
- 1 EL Pfefferkörner, weiß
- 5 g Salz
- 4 EL neutrales Pflanzenöl, z.B. Sonnenblumenöl

1. Röste zunächst Kreuzkümmel und Koriandersamen einzeln in einer kleinen Pfanne ohne Öl an, bis die Gewürze braun werden und einen aromatischen Duft verströmen.

2. Schlage nun die Shrimppaste in Alufolie ein und erhitze auch diese in einer kleinen Pfanne ohne Öl, bis es dampft. Lege die erhitzte Shrimppaste zur Seite.

3. Gib den angerösteten Kreuzkümmel und die Koriandersamen in den Mixtopf und zerkleinere die Gewürze 1 Minute/ Stufe 10. Fülle die zerkleinerten Gewürze in eine separate Schüssel um.

4. Schäle Galgant, Ingwer und Knoblauch, gib die drei Zutaten in den Mixtopf und zerkleinere sie 20 Sekunden/ Stufe 10. Schiebe die Stücke anschließend mit dem Spatel nach unten.

5. Entferne die Blattrippe der Kaffirlimettenblätter und gib die Blätter in den Mixtopf dazu. Falls du frisches Zitronengras verwendest, musst du den oberen grünen Teil und das Ende abschneiden und die Hülle entfernen. Schneide das Zitronengras in kleine Stücke und gib auch diese in den Mixtopf. Bei getrocknetem Zitronengras entfällt der Schritt. Das getrocknete Zitronengras kannst du direkt in den Mixtopf geben.

6. Jetzt schälst und halbierst du die Schalotten, wäschst und entkernst die Chilis, schneidest sie in grobe Stücke und gibst beides gemeinsam mit Pfefferkörnern, Salz und Öl in den Mixtopf. Streiche außerdem die Shrimppaste von der Alufolie in den Mixtopf. Vermische die Zutaten 20 Sekunden/ Stufe 8, bis eine homogene Paste entsteht.

7. Fülle die Paste in ein sauberes Schraubglas ab. Die Paste hält sich im Kühlschrank bis zu zwei Wochen.

mixtipp

Die Currypaste ist die Grundlage für das grüne Thai-Curry. Auch für viele andere Gerichte kannst du die Paste verwenden. Ich friere sie mir gerne portionsweise ein, um sie bei Bedarf immer vorrätig zu haben.

BASICS

 500 ml   20 Min.   leicht

Saté-Sauce

Zubereitungszeit: 20 Minuten
Zutaten für 500 ml

150 g Erdnüsse, ungeröstet und ungesalzen
1 Zwiebel, mittelgroß, halbiert, alternativ 6 Asia-Schalotten, erhältlich im Asia-Laden
1 Knoblauchzehe
1 Stück Ingwer, frisch, ungefähr walnussgroß, in groben Stücken
15 g neutrales Pflanzenöl, z.B. Sonnenblumenöl
2 TL Curry
1 TL Kurkuma, gemahlen
20 g brauner Rohrzucker oder Palmzucker
400 g Kokosmilch, z.B. selbst gemacht (s. S. 48)
5 g Salz
Saft von einer ½ Limette

1. Röste zunächst die Erdnüsse in einer unbeschichteten Pfanne ohne Öl vorsichtig an. Stelle die gerösteten Erdnüsse bis zu ihrer weiteren Verarbeitung zur Seite.

2. Schäle Zwiebel, Knoblauch und Ingwer. Halbiere die Zwiebel und schneide den Ingwer in grobe Stücke. Gib Zwiebel, Ingwer und Knoblauch in den Mixtopf. Zerkleinere die Mischung 4 Sekunden/ Stufe 5 und schiebe die Reste mit dem Spatel nach unten.

3. Dünste das Gemuse anschließend mit Öl 5 Minuten/ Varoma/ Stufe 1 an.

4. Füge Curry, Kurkuma und Rohrzucker hinzu und dünste die Zutaten weiter 1 Minute/ 100°C/ Stufe 1.

5. Füge die gerösteten Erdnüsse in den Mixtopf hinzu und zerkleinere die Zutaten 10 Sekunden/ Stufe 6. Schiebe die Masse mit dem Spatel nach unten.

6. Gib die Kokosmilch dazu und lass die Sauce 6 Minuten/ 90°C/ Stufe 2 köcheln.

7. Zum Schluss gibst du noch Salz und Limettensaft dazu und pürierst die Sauce 20 Sekunden/ Stufe 9.

mixtipp
Die Saté-Sauce passt prima zu Grillfleisch, Fondue, Hähnchen oder Gemüse.

mixtipp

Du kannst auch gesalzene und geröstete Erdnüsse nehmen. Dann fällt der erste Schritt weg und du brauchst auch kein zusätzliches Salz mehr an das Gericht geben.

Knoblauchsauce

Zubereitungszeit: 10 Minuten
Zutaten für 150 ml

5 Knoblauchzehen

30 g Honig, flüssig

20 g Sojasauce, dunkel, z.B. von Kikkoman

30 g Sherry, medium dry

1 Löffelspitze Cayennepfeffer, wer es gerne extrascharf haben mochte, nimmt ½ TL

5 g Sonnenblumenöl

1 TL Reisessig, z.B. von Bamboo Garden

1 TL Speisestärke

50 g Wasser, heiß

1. Schäle die Knoblauchzehen und gib diese in den Mixtopf. Zerkleinere sie mit der Turbofunktion 2 Sekunden. Schiebe die Stücke mit dem Spatel nach unten.

2. Gib Honig, Sojasauce, Sherry, Pfeffer, Öl, Reisessig, Speisestärke und Wasser in den Mixtopf und koche die Mischung 5 Minuten/ 100°C/ Stufe 2 auf.

mixtipp
Passt gut zu Frühlingsrollen oder Fleisch.

mixtipp

Büroalarm: Wer nach dem Genuss dieser süß-scharfen Sauce unter Leute möchte, sei gewarnt – man „duftet" höllisch nach Knoblauch.

Süß-Saure-Sauce, pur

350 ml | 15 Min. | leicht

Zubereitungszeit: 15 Minuten
Zutaten für 350 ml

15 g Weißweinessig

20 g Sojasauce, dunkel, z.B. von Kikkoman

250 g Orangensaft

15 g Tomatenmark

35 g Zucker

20 g Speisestärke

1. Gib Essig, Sojasauce, Orangensaft, Tomatenmark, Zucker und Speisestärke in den Mixtopf und vermische die Zutaten 10 Sekunden/ Stufe 7.

2. Lass die Sauce anschließend 15 Minuten/ 100°C/ Stufe 3 köcheln.

Simpel und megalecker!

BASICS

700 ml | 20 Min. | leicht

Süß-Saure-Sauce

Zubereitungszeit: 20 Minuten
Zutaten für 700 ml

370 g Bambussprossen mit Flüssigkeit, aus der Dose

400–500 g Ananas in Stücken mit Flüssigkeit, aus der Dose

30 g Weißweinessig

40 g Sojasauce, dunkel, z.B. von Kikkoman

180 g Orangensaft

30 g Tomatenmark

70 g Zucker

40 g Speisestärke

2 Paprika, grün und rot, in 2 cm großen Stücken

1 Möhre, geschält, in Streifen oder Scheiben, nach Belieben

1. Lass zunächst die Bambussprossen aus dem Glas abtropfen und fange dabei die Flüssigkeit auf. Stelle die Sprossen bis zu ihrer Weiterverarbeitung zur Seite und gib die aufgefangene Flüssigkeit in den Mixtopf. Verfahre genauso mit der Ananas. Die abgetropften Ananasstücke stellst du beiseite und die aufgefangene Flüssigkeit gibst du in den Mixtopf.

2. Füge Essig, Sojasauce, Orangensaft, Tomatenmark, Zucker und Speisestärke hinzu und vermische die Zutaten im Mixtopf 10 Sekunden/ Stufe 7.

3. Anschließend lässt du die Sauce 10 Minuten/ 100°C/ Stufe 3 köcheln.

4. Wasche und entkerne die Paprika und schneide sie in 2 cm große Stücke. Schäle die Möhre und schneide sie nach Belieben in Streifen oder Scheiben.

5. Gib die Paprika- und Möhrenstücke in den Mixtopf dazu und koche die Sauce weiter 5 Minuten/ 90°C/ Linkslauf/ Stufe 1. Abschließend fügst du noch die beiseitegestellten Bambussprossen und Ananasstücke dazu und vermischst sie 2 Minuten/ 90°C/ Stufe 1 mit den restlichen Zutaten.

Wie vom „Lieblings-Chinesen"!

BASICS

250 ml — 20 Min. — leicht

Teriyaki-Sauce

Zubereitungszeit: 20 Minuten
Zutaten für 250 ml

1 Knoblauchzehe

2 Zwiebeln, mittelgroß, halbiert

2 EL neutrales Pflanzenöl, z.B. Sonnenblumenöl

20 g brauner Zucker

40 g Sojasauce, dunkel, z.B. von Kikkoman

30 g Sake, japanischer Reiswein, erhältlich im Asia-Laden oder gut sortierten Supermarkt

150 g Wasser

10 g Zitronen- oder Limettensaft

1. Schäle Knoblauch und Zwiebeln und halbiere die Zwiebeln. Gib Knoblauch und Zwiebeln in den Mixtopf und zerkleinere die Zutaten 5 Sekunden/ Stufe 5. Schiebe die Stücke mit dem Spatel nach unten.

2. Füge das Öl hinzu und dünste die Stückchen 5 Minuten/ Varoma/ Stufe 2 an.

3. Gib Zucker, Sojasauce und Sake dazu und koche die Sauce 5 Minuten/ Varoma/ Stufe 2.

4. Nun gießt du das Wasser in den Mixtopf dazu und lässt die Sauce 10 Minuten/ 100°C/ Stufe 1 köcheln.

5. Zum Schluss gibst du noch den Zitronensaft dazu und mischst ihn 5 Sekunden/ Stufe 2 unter. Fertig ist deine Sauce.

mixtipp: Die Sauce passt gut zu Fleisch und eignet sich auch zum Marinieren.

ASIATISCH KOCHEN

mixtipp

Der typische Teriyaki-Geschmack entsteht durch die Kombination von Sojasauce, Zucker und Sake. Solltest du keinen Sake haben, kannst du auch normalen Weißwein nehmen.

Spaghettisauce „Asia-Style"

4–6 Portionen | 16 Min. | leicht

Zubereitungszeit: 16 Minuten
Zutaten für 4–6 Portionen

- 2 Knoblauchzehen
- 1 Stück Ingwer, ca. 5 cm, frisch
- 20 g Olivenöl
- 40 g Tomatenmark
- 800 g Tomaten, gehackt oder ganz, aus der Dose
- 250 g Garnelen
- 10 g Salz
- 75 g Zucker
- 50 g Sahne

1. Schäle Knoblauch und Ingwer und zerkleinere beides im Mixtopf 5 Sekunden/ Stufe 5. Schiebe die Stücke anschließend mit dem Spatel nach unten.

2. Füge Olivenöl hinzu und dünste die Stückchen 3 Minuten/ 100°C/ Stufe 1 an. Gib Tomatenmark hinzu und dünste die Mischung 2 Minuten/ 100°C/ Stufe 1.

3. Gib die Tomaten aus der Dose dazu und koche die Zutaten 5 Minuten/ 100°C/ Stufe 1. Püriere die Sauce anschließend 10 Sekunden/ Stufe 8.

4. Füge die Garnelen hinzu und koche sie 5 Minuten/ 100°C/ Linkslauf/ Sanftrührstufe mit.

5. Abschließend gibst du Salz, Zucker und Sahne dazu und rührst die Zutaten 5 Sekunden/ Linkslauf/ Stufe 3 unter.

mixtipp

Koche währenddessen die Spaghetti, dann hast du in 16 Minuten ein besonderes Essen, das auch für Gäste taugt.

Japanische Salatsauce mit Sesam

 130 ml 6 Min. leicht

Zubereitungszeit: 1 Minute
Ruhezeit: 5 Minuten
Zutaten für ca. 130 ml

50 g Sesam

20 g Sojasauce, dunkel, z.B. von Kikkoman

25 g Sake, Reiswein, erhältlich im Asia-Laden oder gut sortierten Supermarkt

20 g neutrales Pflanzenöl, z.B. Sonnenblumenöl

10 g Honig

10 g Weißweinessig

1 TL Chilipaste, z.B. selbst gemacht (s. S. 50)

1. Röste zunächst den Sesam in einer unbeschichteten Pfanne vorsichtig an. Fülle den gerösteten Sesam in den Mixtopf und lass ihn dort 5 Minuten auskühlen. Anschließend zerkleinerst du ihn 20 Sekunden/ Stufe 6. Schiebe die Reste mit dem Spatel nach unten.

2. Füge Sojasauce, Sake, Öl, Honig, Essig und Chilipaste hinzu und vermische die Sauce 5 Sekunden/ Stufe 4. Fertig ist deine Salatsauce.

mixtipp
Kombiniere frische Zutaten deiner Wahl zu einer leckeren Büromahlzeit.

300–400 g | 4 Min. | leicht

Saté-Marinade für Geflügelspieße

Zubereitungszeit: 4 Minuten
Zutaten für 300–400 g Fleisch

1 Zwiebel, mittelgroß, halbiert, alternativ 6 Asia-Schalotten, erhältlich im Asia-Laden

1 TL Kokosöl

10 g Palmzucker, alternativ brauner Rohrzucker

1 TL Currypaste, gelb (s. S. 18)

100 g Kokosmilch, z.B. selbst gemacht (s. S. 48)

Saft von 1 Limette

1. Schäle und halbiere die Zwiebel und zerkleinere sie im Mixtopf 2 Sekunden/ Stufe 4. Schiebe die Stücke mit dem Spatel nach unten.

2. Füge Kokosöl, Palmzucker und Currypaste hinzu und dünste die Zutaten 3 Minuten/ Varoma/ Sanftrührstufe an.

3. Gib Kokosmilch und Limettensaft hinzu und vermische die Marinade 5 Sekunden/ Stufe 3.
Nun kannst du dein Geflügel darin mindestens 15 Minuten, am besten 1 Stunde marinieren. Anschließend kannst du die Spieße braten oder grillen.

Teriyaki-Marinade für Fleisch

300–400 g | 12 Min. | leicht

Zubereitungszeit: 12 Minuten
Zutaten für 300–400 g Fleisch

2 Knoblauchzehen

4 Asia-Schalotten, halbiert, erhältlich im Asia-Laden, alternativ 2–3 normale Schalotten

1 TL neutrales Pflanzenöl, z.B. Sonnenblumenöl

1 TL Palmzucker

40 g Sojasauce, dunkel, z.B. von Kikkoman

30 g Sake, Reiswein, erhältlich im Asia-Laden oder gut sortierten Supermarkt

10 g Zitronen- oder Limettensaft

1. Schäle Knoblauch und Schalotten und halbiere die Schalotten. Gib Knoblauch und Schalotten in den Mixtopf und zerkleinere beides 5 Sekunden/ Stufe 5. Schiebe die Stücke anschließend mit dem Spatel nach unten.

2. Füge Öl hinzu und dünste die Stückchen 5 Minuten/ Varoma/ Stufe 2.

3. Gib Zucker, Sojasauce und Sake hinzu und koche die Zutaten 5 Minuten/ Varoma/ Stufe 1.

4. Zum Schluss fügst du noch den Zitronensaft hinzu und mischst den Saft 2 Sekunden/ Stufe 3 unter die Marinade.

5. Fülle die Marinade in eine Schüssel um, lass sie abkühlen und mariniere anschließend das Fleisch mindestens 15 Minuten darin.

Reis kochen

  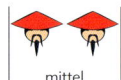   

Basmatireis

Zubereitungszeit: 20 Minuten
Ruhezeit: 10 Minuten
Zutaten für 4 Portionen

1500 g Wasser
5 g Salz
300 g Basmatireis

1. Gib Wasser und Salz in den Mixtopf und koche das Wasser 10 Minuten/ 100°C/ Stufe 1 auf. Alternativ kannst du das Wasser auch im Wasserkocher kochend erhitzen und es dann in den Mixtopf füllen.

2. Fülle den Reis währenddessen ins Garkörbchen und spüle den Reis unter fließendem Wasser ab, bis das Wasser klar ist.

3. Wenn das Wasser kocht, hänge das Garkörbchen vorsichtig in den Mixtopf ein und gare den Reis 10 Minuten/ 100°C/ Stufe 1.

4. Lass den Reis nun 10 Minuten im Mixtopf ziehen und nimm das Garkörbchen dann mithilfe des Spatels aus dem Mixtopf heraus.

5-Gewürze-Reis

Zubereitungszeit: 20 Minuten
Ruhezeit: 10 Minuten
Zutaten für 4 Portionen

1500 g Wasser
5 g Salz
300 g Basmatireis
1 TL 5-Gewürze-Mischung (s. S. 16)

1. Als Erstes gibst du Wasser und Salz in den Mixtopf und kochst das Wasser 10 Minuten/ 100°C/ Stufe 1 auf. Alternativ kannst du das Wasser auch im Wasserkocher kochend erhitzen und es dann in den Mixtopf füllen.

2. In der Zwischenzeit füllst du den Reis ins Garkörbchen und spülst ihn unter fließendem Wasser ab, bis das Wasser klar ist.

3. Füge die Gewürze-Mischung in den Mixtopf dazu, hänge das Garkörbchen mit dem Reis vorsichtig ein und koche die Zutaten 10 Minuten/ 100°C/ Stufe 1 auf.

4. Lass den Reis nach der Kochzeit noch 10 Minuten im Mixtopf ziehen und nimm das Garkörbchen dann mithilfe des Spatels heraus.

mixtipp

In Asien wird Reis traditionell eigentlich ohne Salz gekocht. Ich mag es jedoch lieber „mit".

BASICS

  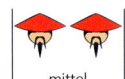

4 Portionen | 30 Min. | mittel

Duftreis mit Zimt und Kardamom

Zubereitungszeit: 20 Minuten
Ruhezeit: 10 Minuten
Zutaten für 4 Portionen

| 1500 g Wasser |
| 5 g Salz |
| 300 g Basmatireis |
| 1 Zimtstange |
| 5 Kapseln Kardamom, mit dem Messerrücken angedrückt |
| 1 TL Kreuzkümmel, ganz |

1. Zunächst gibst du Wasser und Salz in den Mixtopf und kochst das Wasser 10 Minuten/ 100°C/ Stufe 1 auf. Alternativ kannst du das Wasser auch im Wasserkocher kochend erhitzen und es dann in den Mixtopf füllen.

2. Fülle den Reis ins Garkörbchen und spüle ihn unter fließendem Wasser ab, bis das Wasser klar ist.

3. Gib anschließend Zimt, Kardamom und Kreuzkümmel in den Mixtopf dazu und hänge das Garkörbchen vorsichtig in den Mixtopf ein. Gare den Reis 10 Minuten/ 100°C/ Stufe 1.

4. Lass den Reis abschließend noch 10 Minuten im Mixtopf ziehen und nimm dann das Garkörbchen mithilfe des Spatels heraus.

4 Portionen | 28 Min. | mittel

Jasminreis

Zubereitungszeit: 18 Minuten
Ruhezeit: 10 Minuten
Zutaten für 4 Portionen

| 1500 g Wasser |
| 5 g Salz |
| 300 g Jasminreis |

1. Gib Wasser und Salz in den Mixtopf und koche das Wasser 10 Minuten/ 100°C/ Stufe 1 auf. Alternativ kannst du das Wasser auch im Wasserkocher kochend erhitzen und es dann in den Mixtopf füllen.

2. Währenddessen gibst du den Reis ins Garkörbchen und spülst ihn unter fließendem Wasser ab, bis das Wasser klar ist. Hänge das Garkörbchen anschließend vorsichtig in den Mixtopf ein und koche den Reis 8 Minuten/ 100°C/ Stufe 1.

3. Lass den Reis noch 10 Minuten im Mixtopf ziehen und nimm das Garkörbchen dann mithilfe des Spatels aus dem Mixtopf heraus.

BASICS

4 Portionen | 26 Min. | mittel

4 Portionen | 4 h 31 Min. | mittel

Weißer Klebreis

Zubereitungszeit: 16 Minuten
Ruhezeit: 10 Minuten
Zutaten für 4 Portionen

1200 g Wasser

5 g Salz

300 g Klebreis, weiß, erhältlich im Asia-Laden

1. Wiege Wasser und Salz in den Mixtopf ein und koche das Wasser 8 Minuten/ 100°C/ Stufe 1 auf. Alternativ kannst du das Wasser auch im Wasserkocher kochend erhitzen und es dann in den Mixtopf füllen.

2. Fülle den Reis ins Garkörbchen und spüle den Reis unter fließendem Wasser ab, bis das Wasser klar ist. Hänge das Garkörbchen vorsichtig in den Mixtopf ein und gare den Reis 8 Minuten/ 100°C/ Stufe 1.

3. Lass den Reis noch 10 Minuten im Mixtopf ziehen und nimm das Garkörbchen dann mithilfe des Spatels aus dem Mixtopf heraus.

Schwarzer Klebreis

Zubereitungszeit: 16 Minuten
Ruhezeit: 15 Minuten
Quellzeit: 4 Stunden
Zutaten für 4 Portionen

250 g Klebreis, schwarz, erhältlich im Asia-Laden

1200 g Wasser

5 g Salz

1. Gib den Reis in das Garkörbchen und lass den Reis mindestens 4 Stunden in kaltem Wasser quellen.

2. Fülle Wasser und Salz in den Mixtopf und koche das Wasser 8 Minuten/ 100°C/ Stufe 1 auf. Alternativ kannst du das Wasser auch im Wasserkocher kochend erhitzen und es dann in den Mixtopf füllen. Hänge anschließend das Garkörbchen vorsichtig in den Mixtopf ein und koche den Reis 8 Minuten/ 100°C/ Stufe 1.

3. Lass den Reis abschließend 15 Minuten ziehen. Dann nimmst du das Garkörbchen mithilfe des Spatels aus dem Mixtopf.

BASICS

 10–12 Teigstücke   10 Min.   leicht

Wan-Tan-Teig

Zubereitungszeit: 10 Minuten
Utensilien: Nudelholz, Frischhaltefolie
Zutaten für 10–12 Teigstücke

200 g Mehl

2 Eier, Größe M

1 Prise Salz

1. Gib erst das Mehl, dann Eier und Salz in den Mixtopf und vermische die Zutaten 3 Sekunden/ Stufe 3.

2. Verknete den Teig anschließend 40 Sekunden/ Teigknetstufe.

3. Gib den jetzt recht bröseligen Teig auf eine bemehlte Arbeitsfläche und forme den Teig mit den Händen zu einer Kugel.

4. Rolle den Teig mit dem Nudelholz dünn aus und schneide quadratische Teigstücke à 8 x 8 cm aus dem Teig aus.

5. Bestäube die Teigstücke leicht mit Mehl, stapele sie und decke sie mit Frischhaltefolie ab, bis sie verarbeitet werden.

mixtipp
Je dünner du den Teig ausrollst, desto feiner schmecken später die Wan-Tans.

BASICS

400 g · 15 Min. · leicht

Kokosmilch

Zubereitungszeit: 15 Minuten
Utensilien: Nusssieb oder Nussmilchbeutel, alternativ Leinentuch, sauber
Zutaten für 400 g Milch

200 g Kokosflocken

500 g Wasser

mixtipp
Anstelle eines Nussbeutels kannst du auch einen simplen Wäschebeutel benutzen (z.B. von dm).

1. Wiege Kokosflocken und Wasser in den Mixtopf ein und vermische beides 1 Minute/ Stufe 10.

2. Als Nächstes werden die Zutaten 10 Minuten/ 100°C/ Stufe 4 miteinander aufgekocht.

3. Vermische die Masse nun mehrmals hintereinander, jeweils 30 Sekunden/ Stufe 8, und schiebe den Kokosbrei nach jedem Vorgang mit dem Spatel wieder nach unten.

4. Gib die Masse aus dem Mixtopf nun in ein Nusssieb bzw. einen Nussmilchbeutel oder ein sauberes Leinentuch und vergiss nicht, einen Topf darunter zu stellen, um die wertvolle Flüssigkeit aufzufangen.

5. Spüle den Mixtopf kurz aus, damit keine Flocken mehr darin sind.

6. Hänge nun das Garkörbchen ein und lege den Beutel mit der Kokosmasse hinein. Wenn er nicht mehr so heiß ist, drücke den Beutel fest aus.

7. Fülle die so gewonnene Kokosmilch in eine Schüssel und stelle sie kalt.

mixtipp

Nichts wegwerfen, das ist hier die Devise. Die Kokosflocken aus dem Beutel kannst du zu Mehl verarbeiten. Dafür verteilst du einfach die ausgedrückten Flocken aus dem Beutel auf einem mit Backpapier belegten Backblech und trocknest die Flocken 4 Stunden/ 60°C Umluft.

Chili-Gewürz-Paste

 250 g   2 Min.   leicht

Zubereitungszeit: 2 Minuten
Utensilien: Schraubglas
à 300 ml
Zutaten für 250 g

---

100 g Chilischoten, getrocknet

4 Knoblauchzehen

2 TL Kreuzkümmel

1 TL Koriander, getrocknet

1 TL Kümmelsaat

100 g Olivenöl

45 g Wasser

1. Zuerst gibst du Chilischoten, Knoblauchzehen, Kreuzkümmel, Koriander und Kümmelsaat in den Mixtopf und zerkleinerst die Mischung 1 Minute/ Stufe 8. Achtung: Beim Öffnen des Deckels aufpassen und nicht einatmen. Sonst verschlägt es dir für lange Zeit den Atem! Schiebe die Stücke mit dem Spatel nach unten.

2. Danach füllst du Olivenöl und Wasser dazu und vermischst die Zutaten 1 Minute/ Stufe 4. Fülle die Paste in ein sauberes Glas ab und bewahre es im Kühlschrank auf. Hier hält sich die Paste bis zu 6 Monate.

mixtipp
Ich decke Pestos und auch diese Gewürzpaste immer mit Olivenöl ab, dann hält es sich länger.

Exotisch und satt

EXOTISCH UND SATT

2–4 Portionen · 20 Min. · leicht

Frische Gemüse-Surimi-Bowl –
Chinakohlgemüse mit Champignons und Surimi

Zubereitungszeit: 20 Minuten
Zutaten für 2 Portionen als Hauptgericht oder 4 Portionen als Beilage

2 Knoblauchzehen
250 g Champignons, geputzt, in ca. 5 mm dicken Streifen
20 g Olivenöl
500 g Chinakohl, gewaschen, in 5 mm dicken und 4 cm langen Streifen
2 Frühlingszwiebeln, geputzt, in feinen Ringen + eine Handvoll zum Garnieren
70 g Kokosmilch, z.B. selbst gemacht (s. S. 48)
1 TL Currypaste, gelb (s. S. 18)
5 Streifen Surimi, gepresstes Fischfleisch, rötlich eingefärbt, aus dem Kühlregal, kleingeschnitten

1. Schäle den Knoblauch, gib ihn in den Mixtopf und zerkleinere ihn 5 Sekunden/ Stufe 5. Schiebe die Stücke anschließend mit dem Spatel nach unten.

2. Putze die Champignons und schneide sie in ca. 5 mm dicke Streifen. Gib die Champignonstreifen mit dem Öl in den Mixtopf und dünste das Gemüse 5 Minuten/ Varoma/ Linkslauf/ Sanftrührstufe.

3. Wasche währenddessen den Chinakohl und schneide den Kohl in 5 mm dicke und höchstens 4 cm lange Streifen. Entferne den Wurzelansatz von den Frühlingszwiebeln und wasche sie. Schneide die Frühlingszwiebeln in feine Ringe.

4. Gib Chinakohl und Frühlingszwiebeln in den Mixtopf dazu und vermische die Zutaten 4 Sekunden/ Linkslauf/ Stufe 3.

5. Anschließend dünstest du das Gemüse 5 Minuten/ 100°C/ Linkslauf/ Stufe 1 an.

6. Füge Kokosmilch und Currypaste hinzu und lass die Mischung 2 Minuten/ 90°C/ Linkslauf/ Stufe 1 weiter köcheln.

7. Schneide das Surimi klein und gib es in den Mixtopf. Rühre es 2 Sekunden/ Linkslauf/ Stufe 2 unter. Garniere das Gericht mit frischen Frühlingszwiebelringen.

mixtipp

Wer lieber Shiitakepilze mag, kann diese einfach gegen die Champignons eintauschen. Zu dem Gemüse reiche ich am liebsten Basmatireis (s. S. 42).

EXOTISCH UND SATT

ca. 15 Stück | 15 Min. | leicht

Fisch-Nuggets

Zubereitungszeit: 15 Minuten
Zutaten für ca. 15 Stück

50 g Lauch, geputzt, in groben Stücken

50 g Möhre, geschält, in groben Stücken

2 Kaffirlimettenblätter, erhältlich im Asia-Laden oder gut sortierten Supermarkt

50 g Garnelen, ungekocht

150 g Fischfilet, weiß, z.B. Pangasius

2 TL Kokosblütenzucker

1 TL Currypaste, rot (s. S. 20)

10 g neutrales Pflanzenöl, z.B. Sonnenblumenöl

1. Entferne den Wurzelansatz vom Lauch, wasche ihn und schneide ihn in grobe Stücke. Schäle die Möhre und schneide auch sie in grobe Stücke. Entferne die Blattrippe von den Kaffirlimettenblättern. Gib das Gemüse gemeinsam mit den Blättern in den Mixtopf und zerkleinere die Zutaten 3 Sekunden/ Stufe 6. Schiebe die Stücke mit dem Spatel nach unten.

2. Füge die Garnelen und das Fischfilet hinzu und zerkleinere die Zutaten 1 Sekunde/ Stufe 6. Schiebe die Stücke wieder mit dem Spatel nach unten.

3. Jetzt gibst du noch Zucker und Currypaste dazu und verrührst die Mischung 3 Sekunden/ Linkslauf/ Stufe 3.

4. Forme kleine Fisch-Nuggets aus der Masse und erhitze Öl in einer Pfanne. Backe die Fisch-Nuggets in der Pfanne aus.

mixtipp — Die Nuggets schmecken als Fingerfood, als Beilage zum Vorspeisensalat oder mit Reis oder Kartoffelpüree als Hauptspeise.

8 Stück | 25 Min. | mittel

Fischpäckchen in Reispapier

Zubereitungszeit: 25 Minuten
Zutaten für 8 Stück

1 Frühlingszwiebel, in groben Stücken

1 Stück Ingwer, frisch, walnussgroß

150 g Fischfilet, weiß, Pangasius oder Kabeljau, in groben Stücken

40 g Garnelen, ungekocht

10 g Fischsauce, z.B. von Bamboo Garden, erhältlich im Asia-Laden oder gut sortierten Supermarkt

10 g Sojasauce, dunkel, z.B. von Kikkoman

50 g Mungobohnensprossen, frisch

50 g Reis, gekocht (s. S. 42)

500 g Wasser

8 Reispapierblätter, erhältlich im Asia-Laden

1. Entferne den Wurzelansatz der Frühlingszwiebel, wasche sie und schneide sie in grobe Stücke. Schäle den Ingwer und gib ihn und die Frühlingszwiebel in den Mixtopf. Zerkleinere die Zutaten 3 Sekunden/ Stufe 6 und schiebe die Stücke mit dem Spatel nach unten.

2. Schneide das Fischfilet in grobe Stücke und füge es gemeinsam mit Garnelen, Fischsauce und Sojasauce in den Mixtopf hinzu. Zerkleinere die Mischung 2 Sekunden/ Stufe 4 und schiebe die Reste mit dem Spatel nach unten.

3. Gib die Mungobohnensprossen und den Reis hinzu und vermische die Zutaten 3 Sekunden/ Stufe 4. Fülle die Masse in eine separate Schüssel um und spüle den Mixtopf aus.

4. Fülle das Wasser in den Mixtopf und koche es 5 Minuten/ 100°C / Stufe 1 auf. Alternativ kannst du das Wasser auch im Wasserkocher kochend erhitzen und es dann in den Mixtopf füllen.

5. Währenddessen gibst du die Reispapierblätter je 5 Sekunden in eine Schüssel mit warmem Wasser und befüllst die Blätter anschließend mit je 1 EL Fischfüllung. Verschließe die Reispäckchen und verteile sie sowohl im Varoma-Einlegeboden als auch im Varoma, 2 unten, 6 oben. Achte dabei darauf, dass genügend Schlitze frei bleiben, damit der Dampf zirkulieren kann.

6. Nimm den Messbecher vorsichtig vom Mixtopfdeckel ab, positioniere den Varoma auf dem Mixtopf und verschließe ihn. Stelle sicher, dass alles richtig sitzt, damit kein Dampf unkontrolliert entweichen kann.

7. Dämpfe die Reispapierpäckchen nun 8 Minuten/ Varoma/ Stufe 1.

mixtipp

Diese chinesische Köstlichkeit ist eine wundervolle Vorspeise oder, mit einem Salat serviert, auch eine leckere und leichte Hauptspeise.

Gedämpfter Thunfisch im Bananenblatt aus Bali

 4 Portionen 20 Min.  mittel

Zubereitungszeit: 20 Minuten
Utensilien: Bindfaden
Zutaten für 4 Portionen

| 350 g Thunfisch, in 1 cm großen Stücken |
| 2 Tomaten, gewürfelt |
| 8 Kaffirlimettenblätter |
| ½ TL Currypaste, gelb (s. S. 18) |
| ½ TL Salz |
| 4 Bananenblätter, erhältlich im Asia-Laden |
| 500 g Wasser |

1. Schneide zunächst den Thunfisch in 1 cm große Stücke.

2. Wasche und würfele die Tomaten und vermische sie mit Kaffirlimettenblättern, Currypaste, Thunfisch und Salz.

3. Befülle die Bananenblätter mit der Thunfischmischung und fixiere sie mit Bindfaden.

4. Fülle das Wasser in den Mixtopf und koche es 5 Minuten/ 100°C/ Stufe 1 auf. Alternativ kannst du das Wasser auch im Wasserkocher kochend erhitzen und dann in den Mixtopf füllen.

5. Verteile in der Zwischenzeit die gefüllten Bananenblätter im Varoma. Achte dabei darauf, dass genügend Schlitze frei bleiben, damit der Dampf zirkulieren kann.

6. Nimm den Messbecher vorsichtig vom Mixtopfdeckel ab, positioniere den Varoma auf dem Mixtopf und verschließe ihn. Stelle sicher, dass alles richtig sitzt, damit kein Dampf unkontrolliert entweichen kann.

7. Gare die gefüllten Bananenblätter 10 Minuten/ Varoma/ Stufe 1.

mixtipp: Die Bananenblätter werden nur zum Einwickeln des Thunfischs verwendet und nicht mitgegessen.

Wow, eine Geschmacksexplosion. Meiner Meinung nach die leckerste Art, Thunfisch zu essen.

mixtipp

Dazu passt Basmatireis (s. S. 42). Du kannst den Reis auch direkt mitgaren. Dann allerdings musst du 1200 g Wasser verwenden. Das Wasser kochst du dann in Schritt 4 8 Minuten/ 100°C/ Stufe 1 im Mixtopf auf.

EXOTISCH UND SATT

4 Portionen | 15 Min. | leicht

Gelbes Thai-Curry mit Erdnusstouch

Zubereitungszeit: 15 Minuten
Zutaten für 4 Portionen

- 1 Stück Ingwer, frisch, 2 cm
- ½ Paprika, rot, in 2 x 2 cm Stücken
- ½ Paprika, gelb, in 2 x 2 cm Stücken
- 100 g Süßkartoffeln, geschält, in 2 x 2 cm Stücken
- 2 Möhren, geschält, in 2 x 2 cm Stücken
- 2 Blätter Pak Choi, gewaschen, in Streifen
- 50 g Zuckererbsenschoten
- 1 EL Currypaste, gelb (s. S. 18)
- 1 TL Kurkuma, gemahlen
- 400 g Kokosmilch, z.B. selbst gemacht (s. S. 48)
- 1 EL Erdnusspaste, alternativ Erdnussbutter oder Mandelmus
- 1 Msp. Zitronenschale, gerieben
- 10 g Salz

1. Schäle den Ingwer und gib ihn in den Mixtopf. Zerkleinere ihn 3 Sekunden/ Stufe 6 und schiebe die Stücke mit dem Spatel nach unten.

2. Wasche und entkerne die Paprika und schneide sie in 2 x 2 cm große Stücke. Schäle die Süßkartoffeln und die Möhren und schneide auch diese Zutaten in 2 x 2 cm große Stücke. Wasche den Pak Choi und schneide ihn in Streifen und wasche die Zuckererbsenschoten.

3. Gib das ganze Gemüse in den Mixtopf und füge auch Currypaste, Kurkuma, Kokosmilch, Erdnusspaste, Zitronenschale und Salz dazu.

4. Gare das Curry 12 Minuten/ Linkslauf/ Varoma/ Stufe 1.

mixtipp: Dazu passt Basmatireis (s. S. 42).

mixtipp

Wenn du keine Süßkartoffeln magst und alternativ ein anderes Gemüse wählst, reichen auch 10 Minuten Garzeit.

EXOTISCH UND SATT

4 Portionen | 20 Min. | leicht

Rotes Curry mit Pute und Kürbis

Zubereitungszeit: 20 Minuten
Zutaten für 4 Portionen

1 Zwiebel, rot, mittelgroß, halbiert

300 g Hokkaidokürbis, in 2 x 2 cm großen Stücken

1 Paprika, in 2 x 2 cm großen Stücken

400 g Putenbrust, in 2 x 2 cm großen Stücken

40 g Currypaste, rot (s. S. 20)

400 g Kokosmilch, z.B. selbst gemacht (s. S. 48)

2 TL Salz

1. Schäle und halbiere die Zwiebel. Wasche und entkerne den Kürbis und schneide ihn in 2 x 2 cm große Stücke. Wasche und entkerne die Paprika und schneide auch sie in 2 x 2 cm große Stücke.

2. Wasche das Fleisch und schneide es in 2 x 2 cm große Stücke. Gib das Gemüse und das Fleisch in den Mixtopf.

3. Füge Currypaste, Kokosmilch und Salz hinzu und gare das Curry 13 Minuten/ Varoma/ Linkslauf/ Sanftrührstufe.

mixtipp

Bei den Gemüsesorten kannst du nach Lust und Laune variieren. Wenn du es lieber in der Veggie-Variante haben möchtest, gib anstatt Fleisch 300 g von einem Gemüse deiner Wahl hinzu.

mixtipp

Angerichtet in einem ausgehöhlten Kürbis ist dieses Curry ein echter Hingucker!

ASIATISCH KOCHEN

EXOTISCH UND SATT

4 Portionen | 20 Min. | leicht

Grünes Curry, scharf und veggie

Zubereitungszeit: 20 Minuten
Zutaten für 4 Portionen

6 Stangen Spargel, grün, in 2 x 2 cm großen Stücken

70 g Zuckererbsenschoten

1 Paprika, grün, in 2 x 2 cm großen Stücken

1 Zucchini, in 2 x 2 cm großen Stücken

250 g Brokkoli, gewaschen, in Röschen zerteilt

40 g Currypaste, grün (s. S. 22)

400 g Kokosmilch, z.B. selbst gemacht (s. S. 48)

1 TL Cashewmus, z.B. von Alnatura, erhältlich im Drogerie- oder gut sortierten Supermarkt

10 g Salz

1. Putze zunächst das Gemüse. Dafür schneidest du die holzigen Enden vom Spargel ab und schneidest ihn in 2 x 2 cm große Stücke. Wasche die Zuckererbsenschoten und wasche und entkerne die Paprika. Schneide die Paprika in 2 x 2 cm große Stücke. Die Zucchini wäschst du und schneidest auch sie in 2 x 2 cm große Stücke. Wasche den Brokkoli und zerteile ihn in Röschen.

2. Fülle das ganze Gemüse in den Mixtopf und füge Currypaste, Kokosmilch, Cashewmus und Salz hinzu. Gare das Curry 10 Minuten/ Varoma/ Linkslauf/ Sanftrührstufe.

mixtipp

Du kannst auch mal ein Curry mit Tofu probieren. Dann einfach 200 g Tofu in Stücke (2 x 2 cm) schneiden und vor dem Garen mit zum Gemüse geben.

ASIATISCH KOCHEN

Hähnchencurry mit Reis

Zubereitungszeit: 12 Minuten
Zutaten für 4 Portionen

150 g Paprika, rot, in groben Stücken

200 g Möhren, geschält, in groben Stücken

200 g Zucchini, in groben Stücken

350 g Hähnchenbrust, kleingeschnitten

370 g Kokosmilch, z.B. selbst gemacht (s. S. 48)

10 g Salz

10 g Currygewürz, indisch, z.B. von Lebensbaum

1. Wasche und entkerne die Paprika und schneide sie in grobe Stücke. Schäle die Möhren, schneide sie in grobe Stücke, wasche die Zucchini und schneide sie in grobe Stücke.

2. Gib das Gemüse in den Mixtopf und zerkleinere es 1 Sekunde/ Stufe 7. Schiebe die Stücke mit dem Spatel nach unten.

3. Schneide die Hähnchenbrust klein und gib sie gemeinsam mit Kokosmilch, Salz und Curry in den Mixtopf. Gare das Curry 10 Minuten/ 100°C/ Linkslauf/ Sanftrührstufe.

4. Serviere das Curry mit Reis (s. S. 42).

mixtipp

Dieses Gericht macht in Windeseile glücklich und satt. Nach Feierabend, oder wenn die Kinder von der Schule kommen, genau das Richtige. Wir haben fast immer schon fertig gegarten Reis in der Gefriertruhe, den man in der Mikrowelle oder in der Pfanne schnell erhitzen kann.

Hähnchen-Kartoffel-Curry

 4 Portionen 27 Min. leicht

Zubereitungszeit: 27 Minuten
Zutaten für 4 Portionen

- 6 Knoblauchzehen
- 1 Zwiebel, mittelgroß, halbiert
- 1 Frühlingszwiebel, geputzt, in Ringen
- 1 TL Kokosnussöl
- 2 TL Currypaste, gelb (s. S. 18)
- 200–300 g Hähnchenbrust, in 2 x 2 cm großen Stücken
- 2 Kartoffeln, festkochend, geschält, in kleinen Würfeln
- 1 TL Chiliflocken, getrocknet
- 500 g Hühnerbrühe
- 3 Kaffirlimettenblätter, erhältlich im Asia-Laden oder gut sortierten Supermarkt
- 1 Lorbeerblatt
- 50 g Kokosmilch, z.B. selbst gemacht (s. S. 48)

1. Schäle zunächst Knoblauch und Zwiebel und halbiere die Zwiebel. Gib die Zutaten in den Mixtopf und zerkleinere sie 5 Sekunden/ Stufe 5. Schiebe die Stücke mit dem Spatel nach unten.

2. Entferne den Wurzelansatz von der Frühlingszwiebel und wasche sie. Schneide die Frühlingszwiebel in Ringe und gib die Ringe in den Mixtopf dazu. Füge auch Kokosnussöl hinzu und schwitze die Zutaten 4 Minuten/ Varoma/ Stufe 1 an.

3. Während der 4 Minuten gibst du durch die Deckelöffnung die Currypaste hinzu.

4. Wasche die Hähnchenbrust und schneide sie in 2 x 2 cm große Stücke. Gib die Hähnchenbruststücke in den Mixtopf dazu und gare die Zutaten 5 Minuten/ Varoma/ Linkslauf/ Stufe 1 ohne Deckel.

5. Schäle die Kartoffeln und schneide sie in kleine Würfel. Füge Chiliflocken, Hühnerbrühe, Kartoffelstücke, Kaffirlimettenblätter und Lorbeerblatt in den Mixtopf dazu und lass das Curry 13 Minuten/ 100°C/ Linkslauf/ Stufe 1 mit Deckel köcheln.

6. Zum Schluss gibst du die Kokosmilch dazu und mischst sie 2 Minuten/ 90°C/ Linkslauf/ Stufe 1 unter.

mixtipp: Ich friere das Hähnchenfleisch gerne ein und schneide es dann leicht angetaut in Stücke. Das ergibt am Ende ein schöneres Schnittbild.

mixtipp

Sowohl die Kaffirlimettenblätter als auch das Lorbeerblatt dienen hier als Geschmacksträger. Vor dem Servieren werden sie aus dem Gericht wieder entfernt.

mixtipp

Currys sind so vielseitig, wie es deine Phantasie zulässt. Du kannst ohne Ende mit den Gemüsesorten variieren und dein Lieblingscurry kreieren. Falls du die Kartoffeln weglässt oder durch ein anderes Gemüse wie Paprika oder Zucchini ersetzt, braucht das Curry nur noch 10 Minuten Garzeit.

EXOTISCH UND SATT

4 Portionen | 1 h 50 Min. | leicht

Miso-Lachs mit Wasabi-Kartoffelpüree

Zubereitungszeit: 50 Minuten
Ziehzeit: 1 Stunde
Utensilien: Alufolie
Zutaten für 4 Portionen

Für die Marinade:

| 30 g Sake, Reiswein, erhältlich im gut sortierten Supermarkt |
| 1 TL Miso-Paste, erhältlich im Asia-Laden |
| 40 g Zucker |
| 400–500 g Lachsfilet, tiefgefroren, angetaut |

Für das Kartoffelpüree:

| 500 g Wasser |
| 600 g Kartoffeln, mehligkochend, geschält, in groben Stücken |
| 110 g Milch |
| ½ TL Salz |
| 2 TL Wasabi-Paste, erhältlich im Asia-Laden oder gut sortierten Supermarkt |
| 20 g Butter oder Margarine |

1. Als Erstes bereitest du die Marinade zu. Dafür gibst du Sake, Miso-Paste und Zucker in den Mixtopf und lässt die Mischung 3 Minuten/ Varoma/ Stufe 1 aufkochen.

2. Bestreiche den angetauten Lachs mit der Marinade und lass ihn so mindestens 1 Stunde ziehen.

3. Reinige den Mixtopf und gieße das Wasser hinein. Schäle die Kartoffeln und schneide sie in grobe Stücke. Verteile die Kartoffelstücke im Garkörbchen und hänge dieses in den Mixtopf ein.

4. Verteile nochmals je 1 TL Marinade auf den Lachsfilets und schlage den marinierten Lachs in Alufolie ein. Verteile die Lachsfilets auf dem Varoma-Einlegeboden. Achte dabei darauf, dass genügend Schlitze frei bleiben, damit der Dampf zirkulieren kann.

5. Verschließe den Mixtopf mit dem Mixtopfdeckel, aber ohne den Messbecher aufzusetzen, und positioniere den Varoma auf dem Mixtopf. Verschließe den Varoma und stelle sicher, dass alles richtig sitzt, damit kein Dampf unkontrolliert entweichen kann.
Gare die Zutaten nun 25 Minuten/ Varoma/ Stufe 1.

6. Anschließend nimmst du den Varoma vorsichtig vom Mixtopf herunter und stellst den Lachs beiseite. Nimm das Garkörbchen mithilfe des Spatels aus dem Mixtopf.

7. Leere den Mixtopf aus und gib die Milch und das Salz hinein. Koche die Flüssigkeit 2 Minuten/ 100°C/ Stufe 1. Setze den Schmetterling ein. Zum Schluss gibst du Kartoffeln, Wasabi-Paste und Butter hinzu und verrührst die Mischung 10 Sekunden/ Stufe 3.

Ich glaube, ich will Kartoffelpüree nie wieder anders essen!

Gefüllte Thai-Reisbällchen

6 Bällchen | 55 Min. | mittel

Zubereitungszeit: 55 Minuten
Zutaten für 6 Bällchen

300 g Klebreis, weiß, erhältlich im Asia-Laden

Für die Füllung:

1 Frühlingszwiebel, geputzt, in groben Stücken

1 Stück Ingwer, frisch, walnussgroß

1 Knoblauchzehe

20 g Fischsauce, z.B. von Bamboo Garden, erhältlich im Asia-Laden oder gut sortierten Supermarkt

80 g Garnelen, ungekocht

1000 g Wasser

1. Als Erstes kochst du den Klebreis wie auf Seite 45 beschrieben. Stelle den gekochten Reis anschließend zur Seite und leere den Mixtopf.

2. Schneide von der Frühlingszwiebel den Wurzelansatz ab, wasche sie und schneide sie in grobe Stücke. Schäle Ingwer und Knoblauch. Gib Frühlingszwiebel, Ingwer, Knoblauch, Fischsauce und Garnelen in den Mixtopf und zerkleinere die Zutaten 4 Sekunden/ Stufe 6. Fülle die zerkleinerte Masse in eine separate Schüssel um.

3. Wenn der Reis etwas abgekühlt ist, nimmst du je 2 EL von dem Reis und drückst ihn zu einem Fladen. Gib 1 TL der Füllung auf den Reis und umhülle die Füllung mit dem Reis, so dass ein Bällchen entsteht.

4. Gieße Wasser in den Mixtopf und koche es 8 Minuten/ 100°C/ Stufe 1 auf. Alternativ kannst du das Wasser auch im Wasserkocher kochend erhitzen und es dann in den Mixtopf füllen.

5. Verteile die Reisbällchen im Varoma und im Einlegeboden, 4 Bällchen unten und 2 Bällchen oben. Achte dabei darauf, dass genügend Schlitze frei bleiben, damit der Dampf zirkulieren kann.

6. Nimm den Messbecher vorsichtig vom Mixtopfdeckel ab und positioniere den Varoma auf dem Mixtopf. Stelle sicher, dass alles richtig sitzt, damit kein Dampf unkontrolliert entweichen kann. Dämpfe die Reisbällchen nun 15 Minuten/ Varoma/ Stufe 1.

7. Serviere die Reisbällchen anschließend noch heiß.

mixtipp

Bestreue die Bällchen nach Belieben mit schwarzem Sesam.

EXOTISCH UND SATT

10–12 Stück

50 Min.

schwer

Veggie-Rolls – Reisteig-Frühlingsrollen

Zubereitungszeit: 40 Minuten
Ziehzeit: 10 Minuten
Utensilien: Topf oder Fritteuse
Zutaten für 10–12 Stück

50 g Glasnudeln
1 kleine Stange Lauch, in feinen Ringen
1 Stück Ingwer, frisch, walnussgroß
2 Möhren, geschält, in groben Stücken
1 Petersilienwurzel, geschält, in groben Stücken
1 Paprikaschote, rot oder gelb, in groben Stücken
100 g Zucchini, in groben Stücken
30 g Olivenöl
½ TL Chiliflocken, getrocknet
½ TL Koriander, gemahlen
175 g Sojabohnenkeimlinge, abgetropft
24 Reisplatten, erhältlich im Asia-Laden
Fett zum Frittieren

1. Lass die Glasnudeln zunächst 10 Minuten in kaltem Wasser einweichen, drücke sie dann aus und schneide sie anschließend mit der Schere in 3 cm lange Stücke. Stelle die Glasnudeln zur Seite.

2. Befreie den Lauch von den Wurzelansätzen, wasche ihn und schneide ihn in feine Ringe. Stelle die Lauchringe zunächst zur Seite.

3. Schäle den Ingwer und gib ihn in den Mixtopf. Zerkleinere den Ingwer im Mixtopf 3 Sekunden/ Stufe 5. Schiebe die Stücke mit dem Spatel nach unten.

4. Schäle Möhren und Petersilienwurzel und schneide das Gemüse in grobe Stücke. Wasche und entkerne die Paprika und wasche die Zucchini und schneide auch dieses Gemüse in grobe Stücke. Gib das Gemüse mit den Glasnudeln in den Mixtopf dazu und zerkleinere die Zutaten 8 Sekunden/ Stufe 4. Schiebe die Stücke mit dem Spatel nach unten.

5. Füge Olivenöl, Lauch, Chiliflocken und Koriander in den Mixtopf dazu und verrühre die Mischung 3 Sekunden/ Linkslauf/ Stufe 3.

6. Anschließend dünstest du die Zutaten 5 Minuten/ Linkslauf/ Varoma/ Stufe 1 an.

7. Gib die abgetropften Sojabohnenkeimlinge in den Mixtopf dazu und mische sie 3 Sekunden/ Linkslauf/ Stufe 3 unter.

mixtipp
Hammer-Mega-Lecker! Dazu passt die Süß-Saure-Sauce (s. S. 28) oder die Knoblauchsauce (s. S. 26).

8. Nun geht es ans Füllen. Weiche je 2 Reisplatten 5 Sekunden in warmem Wasser ein und lege sie auf eine Arbeitsfläche. Belege jeweils 2 Reisplatten mit je 2 EL der Füllung aus dem Mixtopf.

9. Schlage erst eine Reisplatte längs ein und schlage dann die kurzen Enden ein. Schlage nun die äußere zweite Reisplatte um das kleine Paket ein und schlage dann wieder die kurzen Enden ein.

10. Erhitze in einem Topf oder einer Fritteuse Öl und frittiere darin die Frühlingsrollen portionsweise je 5 Minuten.

11. Lass die frittierten Frühlingsrollen auf Küchenpapier abtropfen und serviere sie schnell.

4 Portionen 1 h 37 Min.  schwer

Wirsingrollen go Asia
mit Basmatireis und Kokossauce

Zubereitungszeit:
1 Stunde 27 Minuten
Ziehzeit: 10 Minuten
Utensilien: Nudelholz, Küchenpapier, Bindfaden
Zutaten für 4 Portionen

Für die Füllung:

60 g Glasnudeln
8 Wirsingblätter, groß, gewaschen
20 g Ingwer, frisch
1 Knoblauchzehe, groß
1 Zwiebel, mittelgroß, halbiert
¼ TL Chiliflocken, getrocknet
15 g Sojaöl oder ein anderes neutrales Pflanzenöl
2 Paprika, rot, in feinen Streifen à 2 x 20 mm
2 Möhren, geschält, in feinen Streifen à 2 x 20 mm
3 EL Sojasauce, dunkel, z.B. von Kikkoman

Für den Reis:

1450 g Wasser
5 g Salz
300 g Basmatireis

1. Weiche die Glasnudeln 10 Minuten in kaltem Wasser ein. Schneide sie anschließend mit der Schere in 2 cm lange Stücke.

2. Wasche die Wirsingblätter, schneide das untere Drittel ab und stelle die abgeschnittenen Drittel zur Seite. Drücke die großen Blätter nun mit einem Nudelholz zwischen Küchenpapier flach.

3. Schäle Ingwer, Knoblauch und Zwiebel und halbiere die Zwiebel. Gib die Zutaten gemeinsam mit den Chiliflocken in den Mixtopf und zerkleinere die Mischung 4 Sekunden/ Stufe 6. Schiebe die Stücke mit dem Spatel nach unten. Gieße Öl dazu und dünste die Stückchen 3 Minuten/ Varoma/ Sanftrührstufe.

4. Wasche die Paprika und entkerne sie und schäle die Möhren. Schneide das Gemüse in feine Streifen von ca. 2 x 20 mm. Schneide aus den beiseitegestellten Wirsingblattdritteln den Strunk heraus und schneide diese ebenfalls in feine Streifen. Gib das fein geschnittene Gemüse in den Mixtopf und dünste es 3 Minuten/ Varoma/ Linkslauf/ Sanftrührstufe an.

5. Gib Glasnudeln und Sojasauce in den Mixtopf dazu und rühre die Zutaten 10 Sekunden/ Linkslauf/ Stufe 2 unter. Fülle die Füllung in eine separate Schüssel um und spüle den Mixtopf grob mit Wasser aus.

6. Gib 750 g Wasser und Salz in den Mixtopf, verschließe den Mixtopf und koche es 7 Minuten/ 100°C/ Stufe 1 auf. Alternativ kannst du das Wasser auch im Wasserkocher kochend erhitzen und es dann in den Mixtopf füllen.

Fortsetzung Seite 80

mixtipp

Diese ungewöhnlichen Wirsingrollen stehen dem typisch deutschen Kohl unglaublich gut. Natürlich könnt ihr auch den klassischen Pak Choi dafür verwenden, auch Chinakohl macht sich gut – aber für mich macht gerade die Mischung aus dem einheimischen Außen und dem exotischem Inneren den Reiz aus.

Fortsetzung von Seite 78

Wirsingrollen go Asia

Für die Sauce:

½ Knoblauchzehe

1 Stück Ingwer, frisch

40 g Wasser

200 g Kokosmilch, z.B. selbst gemacht (s. S. 48)

1 EL Sojasauce, dunkel, z.B. von Kikkoman

7. Fülle währenddessen die großen Wirsingblätter mit je 1–2 EL der Füllung, rolle die Blätter ein und sichere die Päckchen mit einem Bindfaden. Verteile die Wirsingrollen im Varoma. Meistens ist auch der Einlegeboden notwendig. Achte dabei darauf, dass genügend Schlitze frei bleiben, damit die Luft zirkulieren kann.

8. Wenn das Wasser kocht, entferne vorsichtig den Messbecher vom Mixtopfdeckel. Positioniere den Varoma auf dem Mixtopf, verschließe ihn und stelle sicher, dass alles richtig sitzt, damit kein Dampf unkontrolliert entweichen kann. Gare die Wirsingrollen nun 25 Minuten/ Varoma/ Stufe 1.

9. In der Zwischenzeit weichst du den Reis 15 Minuten in kaltem Wasser ein. Anschließend spülst du ihn unter fließendem Wasser ab, bis das Wasser klar ist. Dann gibst du den Reis ins Garkörbchen. Lass 700 g Wasser im Wasserkocher aufkochen. Sobald die Rollen 25 Minuten gegart haben, nimmst du den Varoma vorsichtig vom Mixtopf ab und stellst ihn zur Seite.

10. Fülle den Mixtopf mit dem kochenden Wasser aus dem Wasserkocher auf und hänge das Garkörbchen ein. Setze den Varoma mit den Rollen wieder auf und gare die Zutaten 10 Minuten/ 100°C/ Stufe 1.

11. Lass die Zutaten nach der Garzeit noch 10 Minuten im Mixtopf und im Varoma ruhen. Nimm anschließend den Varoma vorsichtig vom Mixtopf ab und hänge das Garkörbchen mithilfe des Spatels aus. Stelle die Wirsingrollen und den Reis beiseite und halte die Zutaten warm.

12. Leere den Mixtopf und bereite die Sauce zu. Dafür schälst du Knoblauch und Ingwer und gibst beides in den Mixtopf. Zerkleinere die Zutaten 4 Sekunden/ Stufe 7. Schiebe die Stücke mit dem Spatel nach unten. Füge Wasser, Kokosmilch und Sojasauce hinzu und lass die Sauce 5 Minuten/ 100°C/ Stufe 1 köcheln. Serviere die Wirsingrollen mit Reis und Sauce.

mixtipp

Wenn du es eilig hast, kannst du das Gemüse auch, anstatt es in Streifen zu schneiden, in groben Stücken in den Mixtopf geben und 3 Sekunden/ Stufe 5 zerkleinern. Ich mag es in diesem Fall jedoch lieber per Hand geschnitten.

EXOTISCH UND SATT

4 Portionen | 4 h 55 Min. | mittel

Saté-Geschnetzeltes
mit schwarzem Klebreis und Brokkoli

Zubereitungszeit: 40 Minuten
Ruhezeit: 15 Minuten
Quellzeit: 4 Stunden
Zutaten für 4 Portionen

200 g Klebreis, schwarz, erhältlich im Asia-Laden

Für die Sauce:

150 g Erdnüsse, ungeröstet und ungesalzen

1 Stück Ingwer, frisch, walnussgroß

1 Knoblauchzehe

1 Zwiebel, mittelgroß, halbiert

15 g neutrales Pflanzenöl, z.B. Sonnenblumenöl

2 TL Curry

1 TL Kurkuma, gemahlen

20 g brauner Rohrzucker

400 g Kokosmilch, z.B. selbst gemacht (s. S. 48)

Saft von einer ½ Limette

5 g Salz

300 g Hähnchenbrust, in 2 x 4 cm großen Streifen

1 EL Sojasauce, dunkel, z.B. von Kikkoman

1200 g Wasser

10 g Salz

300–400 g Brokkoli, gewaschen, in Röschen zerteilt

Fortsetzung und Abbildung Seite 82

ASIATISCH KOCHEN

Fortsetzung von Seite 81

Saté-Geschnetzeltes

1. Gib den Reis in das Garkörbchen und lass den Reis mindestens 4 Stunden in kaltem Wasser quellen.

2. Nach dieser Zeit röstest du für die Sauce die Erdnüsse in einer unbeschichteten Pfanne unter ständigem Rühren vorsichtig an. Stelle sie anschließend bis zu ihrer weiteren Verarbeitung zur Seite.

3. Schäle Ingwer, Knoblauch und Zwiebel und halbiere die Zwiebel. Gib die Zutaten in den Mixtopf und zerkleinere sie 5 Sekunden/ Stufe 5. Schiebe die Stücke mit dem Spatel nach unten.

4. Anschließend dünstest du die Mischung mit Öl 5 Minuten/ Varoma/ Stufe 1 an.

5. Gib Curry, Kurkuma und Zucker dazu und dünste die Zutaten weiter für 1 Minute/ 100°C/ Stufe 1. Gib die angerösteten Erdnüsse dazu und zerkleinere die Mischung 10 Sekunden/ Stufe 6. Schiebe anschließend die Reste mit dem Spatel nach unten.

6. Füge die Kokosmilch hinzu und lass die Sauce 6 Minuten/ 90°C/ Stufe 2 köcheln. Gib Limettensaft und Salz hinzu und püriere die Sauce 20 Sekunden/ Stufe 9.

7. Fülle die Sauce aus dem Mixtopf in eine separate Schüssel um und halte sie warm. Du kannst sie später auch nochmals in einem Topf erwärmen.

8. Wasche das Hähnchenfleisch und tupfe es trocken. Fülle 50–100 ml von der Sauce in eine weitere Schüssel und verrühre sie dort mit 1 EL Sojasauce. Schneide das Hähnchenfleisch in 2 x 4 cm große Streifen und mariniere es mit dem Saucen-Gemisch.

9. Stelle das Hähnchenfleisch in der Marinade mindestens 15 Minuten kalt.

10. Den gequollenen Klebreis im Garkörbchen wäschst du unter kaltem Wasser ab. Koche im Mixtopf das Wasser mit Salz 8 Minuten/ 100°C/ Stufe 1 auf. Alternativ kannst du das Wasser auch im Wasserkocher kochend erhitzen und es dann in den Mixtopf füllen.

11. Wasche den Brokkoli und teile ihn in Röschen. Verteile die Röschen im Varoma und achte dabei darauf, dass genügend Schlitze frei bleiben, damit die Luft zirkulieren kann. Hänge das Garkörbchen mit dem Reis in den Mixtopf ein und verschließe den Mixtopf, aber ohne den Messbecher aufzusetzen.

12. Positioniere den Varoma auf dem Mixtopf und verschließe ihn. Stelle sicher, dass alles richtig sitzt, damit kein Dampf unkontrolliert entweichen kann. Gare Reis und Brokkoli 10 Minuten/ Varoma/ Stufe 1. Währenddessen erhitzt du Öl in einer Pfanne und brätst das Hähnchenfleisch rundherum an.

13. Richte Hähnchenfleisch, Sauce, Reis und Brokkoli auf vorgewärmten Tellern an.

Teriyaki-Schmortopf mit Rind und Brokkoli

4 Portionen | 30 Min. | mittel

Zubereitungszeit:
ca. 30 Minuten
Zutaten für 4 Portionen

2 Zwiebeln, rot, mittelgroß, halbiert

1 Knoblauchzehe

2 EL neutrales Pflanzenöl, z.B. Sonnenblumenöl

350 g Brokkoli, gewaschen, in kleinen Röschen + Stiele, geschält, in 1,5 x 1,5 cm großen Stücken

300 g Rindersteak, in 1 x 4 cm großen Streifen

20 g brauner Zucker

30 g Sojasauce, dunkel, z.B. von Kikkoman

20 g Sake, Reiswein, erhältlich im Asia-Laden oder gut sortierten Supermarkt

120 g Wasser

1 EL Zitronensaft

1. Schäle Zwiebeln und Knoblauch und halbiere die Zwiebeln. Gib die Zutaten in den Mixtopf und zerkleinere sie 2 Sekunden/ Stufe 2. Schiebe die Reste mit dem Spatel nach unten.

2. Füge das Öl hinzu und dünste die zerkleinerte Mischung 5 Minuten/ Varoma/ Stufe 1. Währenddessen kannst du den Brokkoli waschen und in kleine Röschen zerteilen. Die Brokkolistiele solltest du schälen und in 1,5 x 1,5 cm große Stücke schneiden.

3. Danach kannst du das Rindfleisch in 1 x 4 cm große Streifen schneiden. Lass die Streifen nicht zu lang, da sie sich sonst beim Kochen um das Messer wickeln. Nun gib Zucker, Sojasauce und Sake in den Mixtopf hinzu und schmore die Zutaten 5 Minuten/ Varoma/ Stufe 1.

4. Anschließend gibst du das Rindfleisch hinzu und lässt es 3 Minuten/ 100°C/ Linkslauf/ Stufe 1–2 schmoren. Jetzt gießt du das Wasser in den Mixtopf und fügst die Brokkolistiele hinzu. Verteile die Brokkoliröschen im Varoma. Achte dabei darauf, dass genügend Schlitze frei bleiben, damit der Dampf zirkulieren kann. Entferne den Messbecher vom Mixtopfdeckel und positioniere den Varoma auf dem Mixtopf. Verschließe den Varoma und stelle sicher, dass alles richtig sitzt, damit kein Dampf unkontrolliert entweichen kann.

5. Lass die Zutaten nun 10 Minuten/ Varoma/ Linkslauf/ Stufe 2 köcheln. Zum Schluss gibst du den Zitronensaft dazu und mischst ihn 5 Sekunden/ Linkslauf/ Stufe 2 unter.

„Teriyaki", obwohl keine Teriyaki-Sauce darin ist? Ja, denn der typische Teriyaki-Geschmack entsteht durch die Kombination von Sojasauce, Zucker und Sake. „Teri" heißt schmoren, „Yaki" heißt Glanz. Eine treffende Aussage, finde ich: Ein glanzvoller Schmortopf!

Suppen, Snacks und Salate

SUPPEN, SNACKS UND SALATE

4 Portionen

20 Min.

leicht

Blumenkohlsuppe

Zubereitungszeit: 20 Minuten
Zutaten für 4 Portionen

2 Zwiebeln, mittelgroß, halbiert

1 Knoblauchzehe

25 g Ingwer, frisch

20 g Kokosöl

1 TL milde Currypaste (s. S. 18), für mehr Schärfe kann man auch scharfe Currypaste nehmen (s. S. 20)

1 TL Curry

½ TL Kreuzkümmel, gemahlen

1 TL Gemüsebrühepulver

2 TL Honig

¼ TL Pfeffer

1 kleiner Blumenkohl, gewaschen, in Röschen

1 EL Mandelmus, erhältlich im Bioladen oder gut sortierten Supermarkt

900 g Wasser

½ TL Salz

200 g Kokosmilch, z.B. selbst gemacht (s. S. 48)

1 EL Zitronensaft

1. Schäle als Erstes Zwiebeln, Knoblauch und Ingwer und halbiere die Zwiebeln. Gib die drei Zutaten in den Mixtopf und zerkleinere sie 5 Sekunden/ Stufe 5. Schiebe die Stücke mit dem Spatel nach unten.

2. Füge das Öl hinzu und dünste die Mischung 2 Minuten/ Varoma/ Stufe 1.

3. Gib Currypaste, Curry, Kreuzkümmel, Gemüsebrühepulver, Honig und Pfeffer hinzu und dünste die Zutaten 2 Minuten/ 100°C/ Stufe 1 weiter.

4. Wasche den Blumenkohl und zerteile ihn in Röschen. Gib die Röschen mit Mandelmus, Wasser und Salz in den Mixtopf dazu. Zerkleinere die Mischung 10 Sekunden/ Stufe 5. Anschließend kochst du die Suppe 12 Minuten/ 100°C/ Stufe 2.

5. Püriere die Suppe nun 1 Minute/ Stufe 7.

6. Abschließend gibst du Kokosmilch und Zitronensaft dazu und schäumst die Suppe 15 Sekunden/ Stufe 7 auf.

7. Jetzt kannst du die Suppe servieren.

ASIATISCH KOCHEN

SUPPEN, SNACKS UND SALATE

4 Portionen

30 Min.

leicht

Tofu-Kartoffelsuppe mit gebratenen Pilzen

Zubereitungszeit: 30 Minuten
Zutaten für 4 Portionen

2 Frühlingszwiebeln, geputzt, in groben Stücken

300 g Kartoffeln, mehligkochend, geschält, in groben Stücken

10 g Olivenöl + Öl für die Pfanne

20 g Sake, Reiswein, erhältlich im Asia-Laden oder gut sortierten Supermarkt

500 g Gemüsebrühe

20 g Sojasauce, dunkel, z.B. von Kikkoman

150 g Pilze, frisch, nach Belieben

100 g Tofu, in groben Stücken

1. Entferne den Wurzelansatz von den Frühlingszwiebeln, wasche sie und schneide sie in grobe Stücke. Gib die Stücke in den Mixtopf und zerkleinere sie 2 Sekunden/ Stufe 4. Schiebe die Stücke anschließend mit dem Spatel nach unten.

2. Schäle die Kartoffeln und schneide sie in grobe Stücke. Füge die Kartoffelstücke in den Mixtopf hinzu und zerkleinere sie 2 Sekunden/ Stufe 5. Schiebe die Stücke wiederum mit dem Spatel nach unten.

3. Gib Olivenöl hinzu und dünste das Gemüse 5 Minuten/ Varoma/ Linkslauf/ Stufe 1 an.

4. Lösche die Mischung mit Sake und Gemüsebrühe ab, gieße außerdem die Sojasauce in den Mixtopf und koche die Zutaten 15 Minuten/ 100°C/ Stufe 1.

5. Putze die frischen Pilze und schneide sie klein. Erhitze etwas Öl in einer Pfanne und brate die Pilze darin an. Stelle die angebratenen Pilze in einer separaten Schüssel zur Seite.

6. Schneide den Tofu in grobe Stücke und gib die Tofustücke in den Mixtopf dazu. Püriere die Suppe 40 Sekunden/ Stufe 9.

7. Serviere die fertige Suppe mit den Pilzen.

Tom Kha Gai-Suppe

4 Portionen · 10 Min. · leicht

Zubereitungszeit: 10 Minuten
Zutaten für 4 Portionen

- 200 g Hähnchenbrustfilet, in 2 x 2 cm Stücken
- 1 Stück Ingwer, walnussgroß
- 3 Schalotten, halbiert
- 2 Frühlingszwiebeln, geputzt, in groben Stücken
- 1 Chilischote, gewaschen, entkernt, in groben Stücken
- 170 g Champignons, frisch, geputzt, in groben Stücken
- 400 g Kokosmilch, z.B. selbst gemacht (s. S. 48)
- 400 g Wasser
- 1 EL Zitronengras, getrocknet
- 5 Kaffirlimettenblätter, erhältlich im Asia-Laden oder gut sortierten Supermarkt
- 2 TL Koriander, gefroren oder frisch
- 4 EL Sojasauce, dunkel, z.B. von Kikkoman
- 3 EL Fischsauce, z.B. von Bamboo Garden, erhältlich im Asia-Laden oder gut sortierten Supermarkt
- ½ Zitrone

1. Schneide das Hähnchenbrustfilet in Stücke à 2 x 2 cm und stelle diese zunächst zur Seite.

2. Schäle den Ingwer und zerkleinere ihn im Mixtopf 5 Sekunden/ Stufe 5. Schiebe die Stücke mit dem Spatel nach unten.

3. Schäle und halbiere die Schalotten. Entferne den Wurzelansatz von den Frühlingszwiebeln, wasche sie und schneide sie in grobe Stücke. Gib die Zwiebeln in den Mixtopf dazu und zerkleinere sie 2 Sekunden/ Stufe 4. Schiebe die Stücke mit dem Spatel nach unten.

4. Wasche die Chilischote, entkerne sie und schneide sie in grobe Stücke. Putze die Champignons und schneide sie in grobe Stücke. Gib Kokosmilch, Wasser, Zitronengras, Kaffirlimettenblätter, Champignons, Chilischote, Koriander, Sojasauce und Fischsauce in den Mixtopf und lass die Suppe 3 Minuten/ 100°C/ Linkslauf/ Stufe 1 köcheln.

5. Reibe die Suppenteller mit der halben Zitrone ein und serviere darin die noch heiße Suppe.

SUPPPEN, SNACKS UND SALATE

4–6 Portionen

16 Min.

leicht

Pekingsuppe

Zubereitungszeit: 16 Minuten
Zutaten für 4–6 Portionen

250 g Hähnchenfleisch, gewürfelt, am besten noch leicht gefroren

1 Zwiebel, halbiert

1 ½ TL Chilipaste, z.B. selbst gemacht (s. S. 50)

400 g Tomaten, stückig, aus der Dose

1 TL Reisessig

4 TL Zucker

2 TL Sojasauce, dunkel, z.B. von Kikkoman

2 TL Salz

3 TL Hühnerbrühepulver

2 EL Tomatenmark

600 g Wasser + 2 EL

60 g Bambussprossen aus dem Glas, abgetropft

25 g Speisestärke

1 Ei, Größe M

1. Schneide das Hähnchenfleisch in grobe Würfel und schäle und halbiere die Zwiebel. Gib Hähnchenfleischwürfel, Zwiebel und einen ½ TL Chilipaste in den Mixtopf und zerkleinere die Zutaten 3 Sekunden/ Stufe 7. Schiebe die Reste mit dem Spatel nach unten.

2. Füge Tomaten, Reisessig, Zucker, Sojasauce, Salz, Hühnerbrühepulver, Tomatenmark, 1 TL Chilipaste und Wasser hinzu. Lass die Mischung 9 Minuten/ 100°C/ Stufe 2 kochen.

3. Lass die Bambussprossen abtropfen und schneide sie mit einer Schere in kleine Stücke. Gib die Bambussprossenstücke in den Mixtopf dazu.

4. Füge außerdem die Speisestärke hinzu und vermische die Zutaten 3 Minuten/ Stufe 3 zu einer sämigen Pekingsuppe.

5. Während die Suppe köchelt, verquirle das Ei mit 2 EL Wasser und lass dann das verquirlte Ei in langen Fäden langsam durch die Deckelöffnung in den Mixtopf fließen.

mixtipp
Diese Suppe geht auch als Hauptspeise durch. Und sie schmeckt wie im Restaurant.

ASIATISCH KOCHEN

4 Portionen | 22 Min. | leicht

Glasnudelsalat

Zubereitungszeit: 12 Minuten
Ziehzeit: 10 Minuten
Zutaten für 4 Portionen

200 g Glasnudeln aus Mungobohnensprossen oder Reis

240 g Champignons, weiß

150 g Lauch, geputzt, in groben Stücken

2 Paprika, rot, gelb oder orange, in groben Stücken

20 g Sesamöl, aromatisch

Salz, nach Belieben

3–4 EL Sojasauce, dunkel, z.B. von Kikkoman

1 EL Agavendicksaft oder Zucker

1 TL Chilipaste, z.B. selbst gemacht (s. S. 50)

1. Weiche als Erstes die Glasnudeln 10 Minuten in kaltem Wasser ein, drücke sie aus und schneide sie mit der Schere in 3 cm lange Stücke. Stelle die Glasnudeln zur Seite.

2. Putze die Champignons und gib sie in den Mixtopf. Zerkleinere die Champignons 1 Sekunde/ Stufe 4. Fülle sie anschließend in eine separate Schüssel um.

3. Befreie den Lauch vom Wurzelansatz, wasche ihn und schneide ihn in grobe Stücke. Wasche und entkerne die Paprika und schneide auch sie in grobe Stücke. Gib das Gemüse in den Mixtopf und zerkleinere es 2 Sekunden/ Stufe 5. Schiebe die Stücke mit dem Spatel nach unten.

4. Füge das Sesamöl hinzu und dünste das Gemüse 5 Minuten/ 100°C/ Linkslauf/ Stufe 1.

5. Gib das gegarte Gemüse zu den Champignons in die Schüssel und füge Glasnudeln, Salz, Sojasauce, Agavendicksaft und Chilipaste hinzu. Vermenge die Zutaten abschließend gut miteinander.

SUPPEN, SNACKS UND SALATE

4 Portionen

15 Min.

leicht

Kokos-Bohnen-Salat aus Bali

Zubereitungszeit: 15 Minuten
Zutaten für 4 Portionen als Beilage oder Vorspeise

250 g Schlangenbohnen, grün, halbiert, erhältlich im Asia-Laden
500 g Wasser
1 ½ TL Salz
50 g Kokosraspel
50 g Kokosmilch, z.B. selbst gemacht (s. S. 48)
1 TL Palmzucker
Saft von einer Limette
100 g Sojabohnensprossen, frisch, gewaschen

1. Wasche die Bohnen und halbiere sie, damit die Bohnen in das Garkörbchen passen. Gib die Bohnen ins Garkörbchen.

2. Gieße Wasser und 1 TL Salz in den Mixtopf und koche das Wasser 5 Minuten/ 100°C/ Stufe 1 auf. Alternativ kannst du es auch im Wasserkocher kochen und dann in den Mixtopf füllen.

3. Wenn das Wasser kocht, hängst du das Garkörbchen vorsichtig in den Mixtopf ein und garst die Bohnen 6 Minuten/ Varoma/ Stufe 1.

4. Anschließend nimmst du das Garkörbchen mithilfe des Spatels heraus und schreckst die Bohnen kurz unter kaltem Wasser ab. Schneide die abgeschreckten Bohnen in 1 cm große Stücke. Leere den Mixtopf.

5. Gib Kokosraspeln, Kokosmilch, Zucker, Limettensaft und einen ½ TL Salz in den Mixtopf und vermische die Zutaten 3 Sekunden/ Stufe 4.

6. Wasche die Sprossen und lass sie gut abtropfen.

7. Abschließend vermischst du in einer Schüssel Bohnen, Sprossen und Sauce.

mixtipp
Der Salat ist so frisch, so besonders und so lecker, meine Gäste und ich bekommen nicht genug davon.

ASIATISCH KOCHEN

SUPPEN, SNACKS UND SALATE

6 Portionen 35 Min. leicht

Lauwarmer Chinakohl-Nudelsalat

Zubereitungszeit: 15 Minuten
Ziehzeit: 20 Minuten
Utensilien: Gefrierbeutel, Tasse oder Nudelholz
Zutaten für 6 Portionen

100 g Mie-Nudeln, z.B. von shoi
25 g Mandeln
600 g Chinakohl, in groben Stücken
30 g Sojasauce, dunkel, z.B. von Kikkoman
30 g Weißweinessig
60 g Zucker
120 g neutrales Pflanzenöl, z.B. Sonnenblumenöl
20 g Butter
15 g Sesamsamen
1 TL Gemüsebrühepulver
1 Frühlingszwiebel, in dünnen Ringen

1. Gib die Mie-Nudeln zunächst in einen Gefrierbeutel und zerkleinere sie mit einer Tasse oder einem Nudelholz. Fülle die Nudeln in eine Schüssel um. Übergieße die Nudeln mit kochendem Wasser und lass sie 10 Minuten ziehen.

2. Gib die Mandeln in den Mixtopf und hacke sie 5 Sekunden/ Stufe 5. Schiebe die Reste mit dem Spatel nach unten.

3. Wasche den Chinakohl und schneide die Blätter in grobe Stücke. Gib den Kohl in den Mixtopf dazu und zerkleinere ihn 4 Sekunden/ Stufe 3. Verwende dazu den Spatel und drücke den Kohl währenddessen hinunter.

4. Den zerkleinerten Chinakohl kannst du nun gemeinsam mit den Mandeln in eine Schüssel umfüllen und den Mixtopf grob ausspülen.

5. Danach gibst du Sojasauce, Essig und Zucker in den Mixtopf. Koche die Mischung 3 Minuten/ Varoma/ Stufe 1 auf.

6. Nun gießt du das Öl dazu und mischst es 5 Sekunden/ Stufe 3 unter. Fülle die Sauce in eine separate Schüssel um.

7. Gib nun Butter, Mie-Nudeln, Sesam und Gemüsebrühepulver in den Mixtopf und schwitze die Mischung 6 Minuten/ Varoma/ Linkslauf/ Stufe 1 an.

ASIATISCH KOCHEN

8. Schneide den Wurzelansatz von der Frühlingszwiebel ab, wasche sie und schneide sie in dünne Ringe. Gib die Frühlingszwiebelringe in den Mixtopf.

9. Jetzt gießt du die vorbereitete Sauce darüber und mischst sie und die Frühlingszwiebelringe 5 Sekunden/ Linkslauf/ Stufe 3 unter. Lass alles 10 Minuten ziehen und schon kannst du deinen Salat servieren.

Maki-Sushi

 4 Portionen 1 h 10 Min.  schwer

Zubereitungszeit: 1 Stunde und mehr (je nachdem, wie geübt du im Sushirollen bist)
Ruhezeit: 10 Minuten
Utensilien: Backblech, Sushimatte, Frischhaltefolie
Zutaten für 4 Portionen

1000 g Wasser
300 g Sushireis, erhältlich im Asia-Laden oder gut sortierten Supermarkt
30 g Reisessig, z.B. von Bamboo Garden
15 g Zucker
5 g Salz
8–10 Nori-Blätter, erhältlich im Asia-Laden oder gut sortieren Supermarkt
Alles, was du an Füllung magst, z.B. Surimi, Lachs, Thunfisch, Gurken, Paprika, Avocado, gebratene Zucchini, gerösteter Sesam

1. Gib das Wasser in den Mixtopf und koche es 8 Minuten/ 100°C/ Stufe 1 auf. Alternativ kannst du das Wasser auch im Wasserkocher kochend erhitzen und dann in den Mixtopf geben.

2. Fülle den Sushireis ins Garkörbchen und wasche ihn so lange unter fließendem kaltem Wasser ab, bis das Wasser klar ist.

3. Wenn das Wasser im Mixtopf kocht, setzt du vorsichtig das Garkörbchen ein und garst den Reis 10 Minuten/ 100°C/ Stufe 1.

4. Lass den Reis 10 Minuten im Mixtopf ziehen.

5. Gib Reisessig, Zucker und Salz in eine Schüssel und verrühre die Mischung so lange, bis sich alles aufgelöst hat.

6. Nimm das Garkörbchen mit dem Reis mithilfe des Spatels aus dem Mixtopf.

7. Verteile den Reis anschließend auf einem Backblech und beträufle ihn mit der Essigmischung. Lass den Reis abkühlen.

8. Belege die Noriblätter mit der glatten Seite nach unten auf einer Sushimatte mit dem Reis, dabei lässt du ca. 2 cm am oberen Rand frei.

9. Fülle den Reis mit den Zutaten deiner Wahl und rolle die Mischung zu einer Sushirolle.

10. Wickele die Rolle in Frischhaltefolie ein und bewahre sie im Kühlschrank auf, bis alle Rollen fertig sind. Abschließend schneidest du die Rollen mit einem nassen Messer in ca. 2 cm dicke Stücke.

SUPPEN, SNACKS UND SALATE

16 Stück   40 Min.   mittel

Wan Tan-Säckchen mit Fleischfüllung

Zubereitungszeit: 40 Minuten
Zutaten für 16 Wan-Tans

| 1 Stück Ingwer, frisch |
| 1 Knoblauchzehe |
| 2 Asia-Schalotten, halbiert, erhältlich im Asia-Laden, alternativ 1 normale Schalotte |
| 250 g Bratwurst, grob |
| 1 Prise Pfeffer |
| 1 Handvoll Thai-Basilikum, erhältlich im Asia-Laden oder gut sortierten Supermarkt |
| 16 Wan-Tan-Teigstücke (s. S. 46) |
| 500 g Wasser |

1. Schäle Ingwer und Knoblauch und zerkleinere die Zutaten 4 Sekunden/ Stufe 7. Schiebe die Reste mit dem Spatel nach unten.

2. Schäle und halbiere die Schalotten und gib die Zwiebelstücke in den Mixtopf dazu. Zerkleinere die Mischung 5 Sekunden/ Stufe 5. Schiebe anschließend wiederum alles mit dem Spatel nach unten.

3. Drücke den Inhalt der Bratwürste heraus und gib diesen in den Mixtopf. Füge Pfeffer und gewaschenen Thai-Basilikum hinzu und vermische die Zutaten 3 Sekunden/ Stufe 3.

4. Fülle die vorbereiteten Wan-Tan-Teigstücke mit je einem gehäuften TL der Fleischfüllung aus dem Mixtopf und drücke die Ecken zusammen.

5. Spüle den Mixtopf grob aus und gieße das Wasser in den Mixtopf. Koche das Wasser 5 Minuten/ 100°C/ Stufe 1 auf. Alternativ kannst du das Wasser auch im Wasserkocher kochend erhitzen und es dann in den Mixtopf füllen.

6. Verteile die Hälfte der Wan-Tan-Säckchen, also 8 Stück, im Varoma. Achte dabei darauf, dass genügend Schlitze frei bleiben, damit der Dampf zirkulieren kann.

7. Wenn das Wasser kocht, entferne vorsichtig den Messbecher vom Mixtopfdeckel. Positioniere den Varoma auf dem Mixtopf und verschließe ihn. Stelle sicher, dass alles richtig sitzt, damit kein Dampf unkontrolliert entweichen kann.

mixtipp
Wan-Tans lassen sich gegart auch einfrieren.

ASIATISCH KOCHEN

8. Gare die Wan-Tans nun 15 Minuten/ Varoma/ Stufe 1.

9. Nimm anschließend den Varoma vorsichtig vom Mixtopf ab. Halte die fertig gegarten Wan-Tans warm und verteile die restlichen im Varoma. Setze den Varoma wieder auf den Mixtopf und gare die zweite Ladung wiederum 15 Minuten/ Varoma/ Stufe 1.

10. Du kannst die Wan-Tans entweder in Brühe oder allein als Snack oder Vorspeise servieren.

Tempeh Manis

4 Portionen | 20 Min. | mittel

Zubereitungszeit: 20 Minuten
Utensilien: Topf
Zutaten für 4 Portionen

---

200 g Tempeh, in 5 mm dünnen Scheiben, erhältlich im Asia- oder Bio-Laden

Salz und Pfeffer, nach Belieben

6 Knoblauchzehen

4 Asia-Schalotten, halbiert, erhältlich im Asia-Laden, alternativ 2–3 normale Schalotten

1 Frühlingszwiebel, geputzt, in groben Stücken

10 rote Chilischoten, gewaschen, entkernt, in groben Stücken

5 Kaffirlimettenblätter, erhältlich im Asia-Laden oder gut sortierten Supermarkt

3 TL Kokosnussöl

5 TL Kecap Manis, erhältlich im Asia-Laden oder gut sortierten Supermarkt

Öl zum Frittieren

---

1. Erhitze reichlich Öl zum Frittieren in einem Topf. Schneide das Tempeh in 5 mm dünne Scheiben und frittiere die Scheiben in heißem Öl, bis sie goldbraun sind. Lege die frittierten Scheiben anschließend auf Küchenpapier und bestreue sie mit Salz und Pfeffer.

2. Schäle den Knoblauch und die Schalotten. Entferne den Wurzelansatz von der Frühlingszwiebel und wasche sie. Gib die Schalotten halbiert, die Frühlingszwiebel in groben Stücken und den Knoblauch in den Mixtopf.

3. Wasche die Chilis, entferne die Kerne und schneide sie in grobe Stücke. Wenn du es gern scharf magst, kannst du die Kerne auch drin lassen. Entferne die Blattrippe von den Kaffirlimettenblättern und gib die Chilis mit den Kaffirlimettenblättern in den Mixtopf. Zerkleinere die Zutaten 5 Sekunden/ Stufe 5. Schiebe die Stücke mit dem Spatel nach unten.

4. Gib Kokosnussöl in den Mixtopf und dünste die Mischung 5 Minuten/ 100°C/ Stufe 1 an.

5. Füge Kecap Manis hinzu und lass die Zutaten wiederum 2 Minuten/ 100°C/ Stufe 1 dünsten.

6. Serviere die Mischung aus dem Mixtopf mit dem frittierten Tempeh.

Süß und lecker

Bananentaschen

 20 Stück 1 h 15 Min.  mittel

Zubereitungszeit: 20 Minuten
Ruhezeit: 30 Minuten
Backzeit: 25 Minuten, 180°C Umluft bzw. 200°C Ober-/Unterhitze
Utensilien: Frischhaltefolie, 2 Backbleche und -papier
Zutaten für 20 Stück

Für den Teig:

500 g Mehl
140 g Margarine, hart, z.B. Alsan
1 Prise Salz
180 g Wasser, kalt

Für die Füllung:

100 g Aprikosen, getrocknet
20 g Macadamianüsse, geröstet und gesalzen
3 Bananen, geschält, in groben Stücken
1 Prise Muskatnuss
1 TL Zitronensaft

1 Eigelb, Größe M
etwas Wasser

1. Gib als Erstes Mehl, anschließend Margarine und Salz in den Mixtopf und vermenge die Zutaten 3 Minuten/ Teigknetstufe. Gieße währenddessen das kalte Wasser in das laufende Messer.

2. Forme den Teig zu einer Kugel, wickele die Teigkugel in Frischhaltefolie ein und lass sie im Kühlschrank 30 Minuten ruhen.

3. Entnehme das Messer aus dem Mixtopf und befreie es von den Teigresten. Den Mixtopf brauchst du nicht zu reinigen. Setze das saubere Messer wieder in den Mixtopf ein.

4. Wiege die Aprikosen und die Nüsse in den Mixtopf ein und zerkleinere beides 5 Sekunden/ Stufe 4. Schiebe die Stücke mit dem Spatel nach unten.

5. Schäle die Bananen und schneide sie in grobe Stücke. Gib die Bananenstücke gemeinsam mit Muskatnuss und Zitronensaft in den Mixtopf. Vermische die Masse 2 Sekunden/ Stufe 4.

6. Heize den Ofen auf 180°C Umluft bzw. 200°C Ober-/Unterhitze vor.

7. Nimm den Teig aus dem Kühlschrank und rolle ihn auf einer bemehlten Arbeitsfläche aus. Schneide den ausgerollten Teig in 20 Quadrate à 10 x 10 cm.

8. Verteile auf den Teigstücken jeweils etwas von der Bananen-Aprikosenfüllung und falte die Teigstücke so, dass Dreiecke entstehen. Drücke die Teigränder zusammen und verziere die Ränder nach Belieben mit den Zinken der Gabel.

9. Verquirle das Eigelb mit etwas Wasser in einer Tasse und bestreiche die Teigtaschen damit. Belege zwei Backbleche mit Backpapier und lege die Dreiecke darauf.

10. Gib die Bananentaschen in den vorgeheizten Ofen und backe sie 25 Minuten/ 180°C Umluft bzw. 200°C Ober-/Unterhitze, bis sie goldbraun sind. Du kannst die Taschen heiß oder kalt servieren und mit Puderzucker bestäuben.

8–10 Stück   50 Min.   leicht

Grüne Duftblatt-Crêpes mit Kokos

Zubereitungszeit: 30 Minuten
Ziehzeit: 20 Minuten
Utensilien: Sieb
Zutaten für 8–10 Crêpes

Für den Pandanblätter-Sud:

3 Pandanblätter, in 5 cm großen Stücken, auch Duftblätter genannt, erhältlich im Asia-Laden
50 g Kokosmilch, z.B. selbst gemacht (s. S. 48)
50 g Wasser

Für den Teig:

150 g Mehl
400 g Kokosmilch, z.B. selbst gemacht (s. S. 48)
1 Ei, Größe M
2 TL Sonnenblumenöl
1 Prise Salz
Pandanblattsud (siehe oben)
1 TL Öl zum Ausbacken
Kokosraspel zum Dekorieren

Für die Füllung:

100 g Kokosraspel + Kokosraspel zum Bestreuen
60 g Kokosblütenzucker
50 g Kokosmilch, z.B. selbst gemacht (s. S. 48)

1. Als Erstes zerschneidest du für den Pandanblätter-Sud die Pandanblätter mit einer Schere in ca. 5 cm große Stücke. Gib die Stücke in den Mixtopf und zerkleinere sie 4 Sekunden/ Stufe 7. Schiebe die Reste mit dem Spatel nach unten.

2. Fuge Kokosmilch und Wasser hinzu und erhitze die Mischung 4 Minuten/ 100°C/ Stufe 3. Fülle den Sud in eine separate Schüssel um und lass ihn 20 Minuten ziehen. Anschließend gießt du den Sud durch ein Sieb, drückst die Blätter dabei aus und fängst die Flüssigkeit auf. Die Blätter haben nun ihren Dienst getan und können weggeworfen werden.

3. Reinige den Mixtopf. Gib für den Teig Mehl, Kokosmilch, Ei, Öl, Salz und aufgefangenen Sud in den Mixtopf und verrühre die Zutaten 30 Sekunden/ Stufe 5.

4. Erhitze Öl in einer beschichteten Pfanne, drehe anschließend die Temperatur herunter und backe den Teig bei geringer bis mittlerer Hitze zu 8–10 Crêpes aus.

5. Reinige erneut den Mixtopf und bereite die Füllung zu. Dafür füllst du Kokosraspeln, Kokosblütenzucker und Kokosmilch in den Mixtopf und erhitzt die Mischung 5 Minuten/ 100°C/ Stufe 1.

6. Verteile auf jedem Crêpes längs in der Mitte je 1 EL der Füllung. An dieser Linie faltest du die Crêpes und rollst sie von der Mitte zum Rand hin auf.

7. Serviere die fertigen Crêpes mit etwas Kokosraspeln bestreut.

Wow, das ist so ein besonderer Genuss, den musst du dir mal gönnen.

Überbackene Ananas

 4–6 Portionen   35 Min.   leicht

Zubereitungszeit: 10 Minuten
Backzeit: 25 Minuten, 180°C Umluft
Utensilien: Auflaufform
Zutaten für 4–6 Portionen

- 50 g Butter
- 60 g brauner Zucker
- 80 g Haferflocken, fein
- 370 g Ananas in Scheiben, aus der Dose, abgetropft
- 20 g Orangenmarmelade, bitter

1. Gib die Butter in den Mixtopf und erhitze sie 1 Minute/ 90°C/ Stufe 1.

2. Füge Zucker und Haferflocken hinzu und vermische die Zutaten 5 Sekunden/ Stufe 4.

3. Verteile die Ananasscheiben in einer Auflaufform, dabei legst du jeweils 2 Stück aufeinander. Zwischen die beiden aufeinanderliegenden Ananasscheiben verteilst du jeweils ½ TL Orangenmarmelade.

4. Gib die Haferflockenmischung aus dem Mixtopf auf die Ananasscheiben und backe die Ananas 25 Minuten/ 180°C Umluft im vorgeheizten Ofen.

5. Serviere die überbackenen Ananasscheiben noch heiß.

Eine ganz besondere Dessertverführung.

500 ml   5 h 5 Min.   leicht

Kokosnusseis

Zubereitungszeit: 5 Minuten
Ruhezeit: 5 Stunden
Utensilien: Zestenreißer, Schüssel, Schneebesen
Zutaten für 500 ml

---

60 g Zucker

10 g Vanillezucker

Saft und Schale von 1 Bio-Limette

40 g Kokosraspel

400 g Kokosmilch, z.B. selbst gemacht (s. S. 48)

---

1. Gib zunächst Zucker und Vanillezucker in den Mixtopf und zermahle die Zutaten 10 Sekunden/ Stufe 10. Warte 2 Minuten, bevor du den Deckel öffnest, da es sonst zu sehr staubt. Schiebe anschließend die Reste mit dem Spatel nach unten.

2. Wasche die Limette unter heißem Wasser ab und schäle die Schale am besten mit einem Zestenreißer ganz dünn ab, so dass du nichts Weißes mit abschälst. Sonst wird es sehr bitter.

3. Gib die Limettenschale in den Mixtopf dazu und vermische die Masse 5 Sekunden/ Stufe 8. Schiebe die Reste mit dem Spatel nach unten.

4. Presse den Saft der Limette aus und gib den Saft gemeinsam mit Kokosraspeln und Kokosmilch in den Mixtopf dazu. Verrühre die Mischung 10 Sekunden/ Stufe 4.

5. Fülle die Masse aus dem Mixtopf in eine gut verschließbare Schüssel und stelle sie in den Gefrierschrank. Nach 15 Minuten verrührst du die Masse mit einem Schneebesen. Wiederhole diesen Vorgang noch 3–5-mal, damit sich keine Eiskristalle bilden.

6. Wenn das Eis die richtige Konsistenz hat, etwa nach 5 Stunden, kannst du es sofort servieren oder verschlossen in der Kühltruhe bis zu sechs Wochen aufbewahren.

SÜSS UND LECKER

8 Portionen — 30 Min. — mittel

Sticky Rice mit Mango und Kokossauce

Zubereitungszeit: 30 Minuten
Zutaten für 8 Portionen

1200 g Wasser
300 g Klebreis, weiß, erhältlich im Asia-Laden
1–2 Mangos, geschält, gewürfelt oder in Scheiben
20 g Kokosflocken
400 g Kokosmilch, z.B. selbst gemacht (s. S. 48)
10 g Zucker
10 g Speisestärke

mixtipp
Wenn du es noch näher am Originalrezept haben möchtest, solltest du noch einen Teelöffel schwarze Mungobohnen darüber streuen.

1. Wiege das Wasser in den Mixtopf ein und koche es 8 Minuten/ 100°C/ Stufe 1. Alternativ kannst du das Wasser auch im Wasserkocher kochend erhitzen und es dann in den Mixtopf füllen.

2. Fülle den Reis ins Garkörbchen und spüle den Reis unter fließendem Wasser ab, bis das Wasser klar ist. Hänge das Garkörbchen in den Mixtopf ein und gare den Reis 8 Minuten/ 100°C/ Stufe 1.

3. Lass den Reis noch 10 Minuten im Mixtopf ziehen.

4. In der Zwischenzeit schälst du die Mangos und schneidest sie in Würfel oder Scheiben.

5. Röste die Kokosflocken in einer unbeschichteten Pfanne ohne Fett an, bis sie eine hellbraune Färbung angenommen haben. Fülle die Flocken anschließend in eine separate Schale um.

6. Nimm das Garkörbchen mithilfe des Spatels vorsichtig aus dem Mixtopf heraus. Fülle den Reis in eine separate Schale und leere den Mixtopf. Verrühre den heißen Reis in der Schale mit 200 g Kokosmilch.

7. Die anderen 200 g Kokosmilch gibst du mit Zucker und Speisestärke in den Mixtopf und kochst die Mischung 4 Minuten/ 90°C/ Stufe 1 auf.

8. Richte den Reis mit Mango an, begieße die Zutaten mit der Kokossauce und bestreue alles mit den gerösteten Kokosflocken.

mixtipp

Wer die Kokossauce nicht extra zubereiten möchte, kann direkt 300 g Kokosmilch mit dem Zucker unter den Reis rühren. Dann allerdings die Speisestärke weglassen.

SÜSS UND LECKER

 4 Portionen   40 Min.   leicht

Überbackene Banane

Zubereitungszeit: 10 Minuten
Backzeit: 30 Minuten, 180°C Umluft bzw. 200°C Ober-/Unterhitze
Utensilien: Auflaufform
Zutaten für 4 Portionen

40 g Cashewkerne
80 g Kokosraspel
30 g brauner Zucker
½ TL Kardamom, gemahlen
2 Bananen, reif, geschält, längs halbiert
Saft von ½ Limette
1 EL Mandelblättchen zum Bestreuen

1. Heize den Backofen auf 180°C Umluft bzw. 200°C Ober-/Unterhitze vor.

2. Gib die Cashewkerne in den Mixtopf und zerkleinere sie 4 Sekunden/ Stufe 5. Schiebe die Reste mit dem Spatel nach unten.

3. Füge Kokosraspel, Zucker und Kardamom in den Mixtopf hinzu und vermische die Zutaten 3 Sekunden/ Stufe 5.

4. Schäle die Bananen und halbiere sie längs. Verteile die Bananen in einer Auflaufform und beträufele die Bananenhälften mit Limettensaft.

5. Gib die Kokos-Cashew-Mischung aus dem Mixtopf über die Bananen und bestreue sie mit Mandelblättchen.

6. Überbacke die Bananen im vorgeheizten Ofen 30 Minuten/ 180°C Umluft bzw. 200°C Ober-/Unterhitze.

Das geht schnell und ist ein Genuss bei Süßhungerattacken.

SÜSS UND LECKER

 1 Kuchen 1 h 25 Min.  mittel

Grüner Pandankuchen aus dem Varoma

Zubereitungszeit:
1 Stunde 25 Minuten
Utensilien: Sieb, kleine
Springform, Ø 18 cm,
Frischhaltefolie
Zutaten für 1 Kuchen

---

3 Pandanblätter, auch Duftblätter genannt, in Stücken à 5 cm, erhältlich im Asia-Laden

60 g Wasser

2 Eier, Größe M

100 g Zucker

1 Prise Salz

100 g Mehl

40 g neutrales Pflanzenöl, z.B. Sonnenblumenöl

100 g Kokosmilch, z.B. selbst gemacht (s. S. 48)

1 EL Sprudelwasser

½ TL Backpulver

1500 g Wasser

Fett für die Form

---

1. Als Erstes zerschneidest du die Pandanblätter mit der Schere in 5 cm große Stücke. Gib die Blattstücke in den Mixtopf und zerkleinere sie 40 Sekunden/ Stufe 3. Schalte dabei schrittweise bis auf Stufe 7 hoch. Schiebe die Reste mit dem Spatel nach unten.

2. Gib Wasser hinzu und erhitze die Zutaten 4 Minuten/ 100°C/ Stufe 3. Fülle die Mischung in eine separate Schüssel um und lass sie 20 Minuten ziehen. Gieße den Sud anschließend durch ein Sieb und drücke dabei die Blätter aus. Fange den Sud auf. Die Blätter haben nun ihren Dienst getan und können weggeworfen werden.

3. Reinige den Mixtopf und setze den Schmetterling ein. Trenne die Eier und gib das Eiweiß in den Mixtopf. Schlage das Eiweiß 4 Minuten/ Stufe 4 zu Eischnee. Fülle den steifgeschlagenen Eischnee um und stelle ihn bis zu seiner weiteren Verarbeitung kalt.

4. Gib Zucker, Eigelb, Salz und den aufgefangenen Sud in den Mixtopf und rühre die Zutaten 1 Minute/ Stufe 4 schaumig.

5. Füge Mehl, Öl, Kokosmilch, Sprudelwasser und Backpulver hinzu und verrühre die Mischung 1 Minute/ Stufe 3.

6. Hebe den beiseitegestellten Eischnee mit dem Spatel vorsichtig unter. Fette die Springform ein. Gib den Teig aus dem Mixtopf in die Springform und decke die Form mit Frischhaltefolie ab. Stelle die Form in den Varoma. Achte dabei darauf, dass genügend Schlitze frei bleiben, damit die Luft zirkulieren kann.

mixtipp

Als besonderes Highlight zum Kaffeeklatsch oder auch als Dessert ist dieser kleine Kuchen eine ganz besondere Köstlichkeit. Besonders lecker dazu schmeckt eine Kugel Kokosnusseis (s. S. 116).

7. Reinige den Mixtopf, fülle Wasser hinein und verschließe den Mixtopf, aber ohne den Messbecher aufzusetzen.

8. Positioniere den Varoma auf dem Mixtopf und verschließe ihn. Stelle sicher, dass alles richtig sitzt, damit kein Dampf unkontrolliert entweichen kann.

9. Backe den Kuchen nun 1 Stunde/ Varoma/ Stufe 1. Nach der Garzeit setzt du den Varoma vorsichtig vom Mixtopf ab. Lass den Kuchen in der Form vollständig abkühlen. Danach löst du mit einem Messer den Kuchen aus der Form und stürzt ihn auf ein Kuchengitter.

SÜSS UND LECKER

6 Bananen 15 Min. mittel

Gebratene Banane im Teigmantel

Zubereitungszeit: 15 Minuten
Utensilien: Topf oder Fritteuse
Zutaten für 6 Bananen

6 Bananen, fast noch unreif, geschält, in groben Stücken
2 TL Limettensaft
75 g Reismehl, z.B. von Bauckhof, oder selbst hergestellt aus 75 g Reis, siehe Rezept
75 g Mehl
1 EL Speisestärke
¼ TL Zimt, gemahlen
1 Msp. Backpulver
200 g Wasser
1 Prise Salz
Kokosblütenzucker zum Bestreuen
Öl zum Frittieren

1. Schäle die Bananen und schneide sie in grobe Stücke. Beträufele die Bananenstücke mit Limettensaft.

2. Wenn du das Reismehl selbst herstellst, wiegst du den Reis in den Mixtopf ein und mahlst ihn 1 Minute/ Stufe 10. Warte 2 Minuten, bevor du den Mixtopfdeckel öffnest, da es sehr staubt. Bei fertigem Reismehl lässt du diesen Schritt einfach weg.

3. Gib Mehl, Speisestärke, Zimt, Backpulver, Wasser und Salz zu dem Mehl in den Mixtopf dazu und verrühre die Zutaten 15 Sekunden/ Stufe 4.

4. Gieße den Teig in einen Teller und tauche die Bananenstücke darin ein.

5. Erhitze Öl in einem Topf oder einer Fritteuse und frittiere die Bananenstücke in dem heißen Fett. Zum Schluss wälzt du die frittierten Bananen in Kokosblütenzucker und servierst sie, wenn möglich, noch heiß.

mixtipp
Wer mag, begießt die fertigen Bananenstücke mit etwas flüssigem Honig.

SÜSS UND LECKER

20–25 Stück

1 h

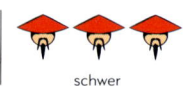
schwer

Glückskekse

Zubereitungszeit: 30 Minuten
Backzeit: 4–5 Minuten pro Blech, 200°C Umluft
Utensilien: Sieb, Backblech und -papier, 20–25 kleine Glücksbotschaften (ca. 2 x 8 cm)
Zutaten für 20–25 Stück

100 g Zucker
2 Eiweiß, Größe M
1 Prise Salz
70 g Mehl
20 g Milch
3–5 Tropfen Bittermandelaroma, z.B. von Dr. Oetker

mixtipp
Wenn du die Glückskekse knuspriger magst, kannst du sie später erneut noch einmal für 3 Minuten in den Ofen stellen.

1. Heize den Backofen auf 200°C Umluft vor.

2. Gib den Zucker in den Mixtopf und verarbeite ihn 2 Minuten/ Stufe 10 zu Puderzucker. Warte 2 Minuten, bevor du den Deckel öffnest, da es sonst zu sehr staubt. Fülle den Puderzucker in eine separate Schüssel um.

3. Setze den Schmetterling in den Mixtopf ein und gib Eiweiß und Salz in den Mixtopf. Schlage das Eiweiß 4 Minuten/ Stufe 4 zu Eischnee.

4. Entferne anschließend den Schmetterling wieder und schiebe den Eischnee mit dem Spatel nach unten.

5. Siebe Zucker und Mehl durch ein Sieb in den Mixtopf hinein, füge Milch hinzu und verrühre die Mischung 7 Sekunden/ Stufe 3.

6. Schiebe die Reste mit dem Spatel nach unten und verrühre die Masse erneut 2 Sekunden/ Stufe 3.

7. Male auf das Backpapier 3–4 große Kreise mit ca. 8 cm Durchmesser, drehe das Backpapier um und lege es auf ein Backblech.

8. Verteile ca. je 1 TL Teig auf den Kreisen. Backe immer nur 3–4 Kekse gleichzeitig, da du sie sonst nicht schnell genug verarbeiten kannst und sie zerbrechen, wenn die Kekse zu kalt werden.

9. Gib das Backblech mit den Keksen in den vorgeheizten Ofen und backe die Kekse 4–5 Minuten/ 200°C Umluft. Behalte die Kekse dabei im Auge, sobald der Rand braun wird, sind sie fertig.

Für diese supersüßen Glückskekse brauchst du schon etwas Geduld, aber das Ergebnis ist der absolute Hingucker und ein süßes Mitbringsel – nicht nur an Silvester.

10. Nimm das Backblech heraus und löse die Kekse vom Backpapier ab. Falte die Glückszettel und lege sie in die Mitte der Kekse. Klappe die heißen Kekse schnell zur Mitte hin um und forme die Kekse mit den Händen zu Monden.

11. Verfahre so auch mit dem restlichen Teig. Insgesamt erhältst du 20–25 Kekse.

GRATIS EXEMPLAR SICHERN!

SICHERN SIE SICH ZUM KENNENLERNEN DER MIXX-ZEITSCHRIFT JETZT EIN GRATIS-EXEMPLAR IM WERT VON 4,90 €!

Jetzt anfordern!

Name

Vorname

Adresse

☐ Ja, schicken Sie mir Ihren kostenlosen E-Mail-Newsletter und halten Sie mich über Neuheiten und Sonderangebote des Heel-Verlags auf dem Laufenden!

E-Mail-Adresse

Ihre Daten werden von der HEEL Verlag GmbH gespeichert, um Ihnen Informationen aus unserem Verlagsprogramm zukommen zu lassen. Ihnen entstehen weder Kosten noch Verpflichtungen. Sie können sich jederzeit vom Newsletter abmelden.

Datum

Unterschrift

Teilnahmebedingungen: Dieser Gutschein ist nur auf postalischem Weg einzulösen. Pro Person nur ein Gutschein gültig.

HEEL Verlag GmbH, MIXX-Redaktion, Pottscheidt 1, 53639 Königswinter
Tel.: 02223/9230-0, Fax: 02223/9230-13/26, www.heel-verlag.de